καιρός カイロスブックス

これからの医療とキリスト教福祉

いのちのことば社

はじめに——相模原障害者施設殺傷事件から見えるもの

工藤信夫

向谷地さんとの対談を本にするという話が持ち上がった頃、私は一人の先人の遺言とも思えるある言葉に、いたく共感を禁じ得ない心境の中にあった。

その「先人」というのは、故・日野原重明氏の次の言葉である。「これまでの医療は間違っていたのです！　延命効果ばかり狙って、生命の質（ＱＯＬ）というものを全然考えてこなかった。」

実際そうである。「マカロニ医療」〔注・延命のみを考え、人工呼吸器、胃ろうなど、点滴やチューブが何本も挿入される処置。このチューブが食品のマカロニに似ているため、そのように呼ばれる俗称〕などと呼ばれる医療の現場は、それが病院という異次元の場でなされるため、延命操作の装いが濃く、ただ長く生かせたらそれで良しとする価値観に基づく性格のものであった。

それはそもそも生命は何のために存在するのか、人間はどう生きるべきかなどという実存的価値観とかけ離れているだけでなく、病人の生は日常性から遠く離れた「病院」という建物の中でなされることを表している。それゆえ、生の最期に家族が寄り添いたいとする看病や十分な世話もなされぬまま、その大切な生が終えるということになっていたのである。つまり、現代の医療には、病気を見て人を見ない側面が大だったのである。

ところで、私はまたこの先人の言葉を聞いて、密かにこんなことも思ってみた。「これまでの医療は間違っていたのです」というところを、「これまでのキリスト教は……」「これまでの教育は……」「これまでの福祉は……」と置き換えたらどうであろうかと――。というのも、私はすでに四十代で著書『人間による信仰疎外』(いのちのことば社、一九九三年)や『福音はとどいていますか――ある牧師と医師の祈り』(藤木正三共著、ヨルダン社、一九九七年)などの書物を世に問うことによって〝これまでのキリスト教〟は、ほんとうに人々の心に届いているのだろかというテーマに一石を投じていたからである。

またこの先人の言葉は、私にそれぞれの〝働きの質〟という問題を想起させた。そしてそれは、〝対人援助や支援に携わる人々の人間的センス、態度、そして働き人の価値観〟という側面を問うというかたちにまで発展した。

ちょうどこの頃、「天声人語」は二つの示唆深い記事を掲載した。

〈やまゆりの園生《そのふ》の闇に振るはれし刃はわれの心をも刺す〉。神奈川県相模原市の津久井やまゆり園で起きた悲報に接して詠まれた。……逮捕後、「意思疎通のできない人は幸せをつくれない」と供述。ゆがんだ障害者観が世の中を震撼《しんかん》させた。犠牲者の一人、三十代の女性は果物とコーヒーを愛し、いつも笑顔をみせた。四十代男性は野球や電車が好きで、ユニホームが似合った。七十代の女性のお気に入りはソーラン節だ。亡くなった一人ひとりに家族があり、友人がいて、たくさんの思い出があった。園を訪れてみると、正面に献花台が設けられ、花束が手向けられていた。仲間が手作りしたのだろうか、犠牲者と同じ数の折り鶴を飾った紙がある。添えられた「ともにいきる」という手書きの言葉に見入った。振り仰ぐと、県境の山々が見え、相模川に注ぐ清流のせせらぎが響く。畑ではナスやトマトの夏野菜が実り、遠く観覧車が見える。入所者が親しんだであろう光景に身を置くと、惨劇がここで起こったとは信じがたい。〈愛さるるために生まれしいのちみな祝されてをりその実存を〉。事件を詠んだ有沢さんの別の歌である。だれもが愛されて生を受け、命の価値に差などあろうはずもない。〈人の役に立つことのみが価値なりと育てられたる加害者あはれ〉

（朝日新聞「天声人語」二〇一九年七月二十五日掲載）

私が〝働き人のセンス・価値観〟と言ったのは、「役に立つことのみ価値なり」とする価値観、とりわけ「意思疎通のできない人は幸せを作れない」という人物を、福祉の職場のスタッフとして任用している現場の問題である。

この事件は深い問題を含んでいるためなのか、その後、半年、一年にわたって取材や関連記事が続いた。その中で、この事件で息子を失った九十代の老夫婦は、テレビのインタビューに答えて次のように語っていた。

「この子は生まれてこの方、移動にも食事にも排泄にも、すべて人の手を煩《わずら》わすことなくしては生きていけない障害児でした。……そんな息子でしたけれども、私どもは月に一度おにぎりを持って面会に行くと、心なしか六十歳になる息子は全身を動かし、喜びを表しているように思われたのです。そしてそれが私どもの生きがいで、私たちは、これを頼りにこの五十年を生きてきました。」

はたして、「社会的価値のない人間」は抹消されるべき存在なのだろうか。

続いて「天声人語」には、また次のような記事が掲載された。

長崎市在住の詩人藤川幸之助さん（五十七）に「母の眼差し《まなざ》し」という作品がある。「母が昔のままそのままの　認知症もどこにもない顔で　私を産み育てた母そのものの眼差しで　じっと私を見つめるときがある」。言葉でなく目で母と対話する。母キヨ子さんは六十歳でアルツハイマー型の認知症と診断された。歩くこと、話すこと、食べることが徐々にできなくなる。小学校の教諭だった藤川さんは、認知症の進む母と末期がんだった妻を支えるため、教壇を去る。妻をみとった後、介護のかたわら、思いを詩につづるようになった。「二時間もかかる母の食事に　苛立《いらだ》つ私を尻目に　母は静かに宙を見つめ　ゆっくりと食事をする」。イライラや怒りも藤川さんは隠さない。「あなたは笑っていた　本当は泣きたかったのに　初めて紙おむつをはめた日」。……七年前の秋、キヨ子さんは八十四歳で旅立った。「介護を通じ、逃げずに考え抜く習慣が身についた。生とは何か、死とは何なのか。母が最期まで私を育ててくれました」と話す。（以下略）

（朝日新聞「天声人語」二〇一九年九月二十一日掲載）

ここで私が注目したいのは、「逃げずに考え抜く習慣が身についた。……母が最期まで私を育ててくれました」という一言である。

というのも、私が医者としてスタートした三十代の初めの頃に出版した著書『援助の心理学』（聖文舎、一九八二年）に、私は支援・援助関係の基本に「相互性」、つまり援助の人の関わりは決して一方通行的なものではなく、「互恵性」がその「相互性」核心部分に厳然と存在することに気づいて、ネパール人の医療に貢献した故・岩村昇医師の次の一言を載せているからである。

「ネパール人の健康は、ネパール人が守る。そのためにぼくらはこやしになるのだ。」

つまり、人を助ける者は、実にしばしば相手に助けられ、励まされる、という命の交流だからである。もしかしたら、いやきっと、やまゆり園の加害者は、肝心の利用者さんから何一つ受け取っていない、学んでいないということになる。

かくして私が心配するのは、現代人の人間関係の決定的な間違い、つまり被援助者、利用者さんに対するリスペクト（尊敬）の欠如である。

それゆえ、私は本書を支援・援助における支援者の基本的認識という点から論じてみたいのである。

目次

一章　〈対談〉これからの医療とキリスト教福祉

工藤信夫×向谷地生良

向谷地生良氏

工藤信夫氏

工藤　こんにちは、向谷地さん。私は二〇〇八年に『人生の秋を生きる』（いのちのことば社）という本を書いた折、老年期は会うべき人に会い、行くべき所に足を運ぶことが、人生の礼儀の一つであるような気がしてきて、それが今回、向谷地さんにお会いするかたちになりました。

向谷地　こちらこそ今日は、よろしくお願いします。

工藤　私は、医師になって五十年、医学の世界にやっと〝ケア（Care＝世話、看護）〟の概念が導入され、〝キュア（Cure＝治す）からケア〟つまり、たとえ治らない病気でも生活の質を高めることで、看護する方向が明確になりました。それと同時に日本社会にも〝福祉の思想〟が定着し、人間の大切さ〝人を看る〟ということが注目され出しました。

そんな折、浦河べてるの家（向谷地氏が北海道浦河町にある精神障害等を抱えた当事者と共に立ち上げた地域活動拠点）の初期の働きを追った、ビデオ「Re：ベリーオーディナリーピープル」が手に入ったため、福祉の学生や神学生、あるいは私があちこちに拠点をつくった「キリスト教良書を読む会」でこのビデオを紹介することを常としてきました。というのも、このビデオは〝病気〟〝病人〟よりも、〝生きること〟〝生活すること〟に注目しており、画期的な実践記録だったからです。

私が精神科医療に携わった五十年前は偏見と差別の時代で、障害者が地域で生活するなどという、今では当たり前のことが考えられない〝隔離収容策〟の恥ずべき時代で、私たちは大きな精神病院で働くしか他なかったので、私はずいぶん苦しみました。もちろん、今でもその傾向が残っていますが、隔離収容策は急速に改善されつつあります。

精神障害の当事者の中で育った子どもさんはどのように成長するかに注目してきました。ビデオの中に、向谷地さんの当時小学四年生の娘さんが当事者の方々と生活を共にしている場面があり、私はこの娘さんがどんな大人に成長していくのかずっと興味がありました。今、その娘さんはどうしておられますか？

向谷地　懐かしいですね。その娘は大学で看護を学んで、今は浦河べてるの家の訪問看護ステーションで訪問看護師をしています。

工藤　それはすばらしい。ぜひお会いしてみたいですね。

それから、向谷地さんの息子さんも精神科クリニックで働いていると聞いて、その方にぜひ会ってみたいと願っています。

また、浦河べてるの文化に触れた地域の人たちが、どのように変化していったのかにも興味があります。というのも、「浦河べてるの働き」は〝共生社会〟の先取りだと思っているからです。

向谷地　ぜひ会っていただきたいですね。二番目の娘もソーシャルワーカーとミュージカルをやっていて、私にとってもそれぞれ尊敬すべき存在ですね。

相模原事件を考える

工藤　二〇一六年に、相模原の津久井やまゆり園で事件が起こりました。
そこで働いていた元スタッフが、「知的障害の人たちは社会的に厄介者だから自分が処分する」などと言って起こした、障害者施設での大量殺人事件です。こんな悲劇があっていいはずがありませんが、この問題の中に、私は〝現代人の人間関係〟という大問題、そして高齢者や障害のある人々のお世話する現場で働いている〝サービスの質〟〝スタッフのセンス〟という大切なテーマがあることに注目しました。というのは高齢者問題や障害者の問題は、時代を生きる私たちの明日の問題だからです。私たちが最近耳にする障害者施設の支援や福祉行政のサービスは、浦河べてるの家のそれと真逆です。身近なところで言えば、保育士の幼児に対する暴行、高齢者施設の虐待などとても信じられません。何か根本が間違っているのです。浦河べてるは一貫して、病気や障害を抱えた人たちをそのまで大切な人々と捉える。むしろ『治りませんように』（斉藤道雄著、みすず書房、二〇一〇年）などという素晴らしい本を出版しています。それで余計に、そのような時代を生きてきた向谷地さんがたどられた道を、直接お聞きしたいと思ったわけです。

障害者を排除するという、優劣思想のようなものはヒトラーの時代に顕著だったのでしょうが、今回の事件は今でもそういう人生観、世界観が根強く生きていることの現れと思うのです。まだまだ福祉の現場には、障害者を「社会適応型」に戻そうという考え方があるのかもしれませんね。残念です。

向谷地　事件を起こした青年と面会したジャーナリストの話を聞いたことがあるのですが、青年は事件を契機として、トランプ大統領の言動をあげていたというんですね。物事を単純に白黒で考える、働かざる者は食うべからずというフレーズを発信する様を見て、これで「好きなことを言っていいんだ」と思った、と青年は言っていたそうです。それが「障害者は不要だ」という考え方になるわけです。

　でも私は、彼にそのようなことを言わせたのは、もしかしたら、実は障害者以前に、彼自身が「この世に不要な存在なのではないか」という危機を抱えていたのではないか。だから今回の事件は、そんな彼の抱える危機の偽装であり、その危機に直面することからの逃亡と「スター願望」の実現として起こしたものではないか。ヒトラー的、トランプ的な論理に逃避して、自分のテーマを隠蔽し、あのような事件を起こしたところに、いちばんの問題があるような気がしています。

　あの事件の後、彼の言動に刺激された青年が、「自分もテロを起こしたい」「あの事件を超えてやる」などと言って、ある市役所に電話をかけ続け周囲を困らせるということがあり、相談された縁で今も関わっているのですが、その青年と話していると、ちゃんと人を求めているし、普通に生きたいと思っているし、ガールフレンドや家庭も欲しいと思っています。無理をして、極端な理屈をかざして、自分の存在確認のように、物騒な発言をまき散らしているように聞こえるのです。ほんとうは「自分はどう生きたらいいのか」って、悩んでいるのが手にとるように伝わってきています。

そういう意味では、大分無理している。「無理をしなくていいんじゃない」と言ったら「ぼく寂しいんです」とポロっと言いました。そして、「今度近くに行く用事があるよ」と言うと、「一緒にごはん食べようよ」と言ったんです。私は「いいですね」って返したんですけど、十年以上仕事もせず、引きこもっていた青年が、その食事代を稼ぐために初めて「働く」と言い出して、その後アルバイトに行き始めました。

あの事件が起きる前に、興味深い新聞記事を目にしました。それは、マイクロソフトが、ネット上で一般市民と会話をしながら発達する人工知能（ＡＩ）の実験を中止した、という内容でした。それは、ＡＩが「ヒトラーは間違っていない」と語り出したからです。つまり、ＡＩの最大の特徴は「人間社会の現状を反映する」という限界です。ＡＩは、私たちそのものなんですね。私たち自身が「ヒトラーは間違っていない」という言説に汚染されていることを示しているわけです。その意味では、事件を起こした青年も、その犠牲者の一人と言えるわけだし、私たち自身が、もっと「良質の言葉」を発信していかなければならないと思いますね。

「隔離」から「地域で看る」へ

工藤　今、日本社会の緊急な要請として、いろいろなかたちの福祉の働きの重要性が叫ばれています。

地方都市は過疎化し、高齢者が増えて若者の都会一極集中。町はシャッターストリートとなり、かつての商店街に認知症カフェを設定する条例を作った自治体もあるそうです。

一昔前でしたら、認知症は「隔離収容策」で病院に閉じ込めたり、大量の薬を飲ませて外出できないようにしたりしていましたが、今は認知症を地域ぐるみで看る。あるいは、徘徊をみんなの力で看るという〝地域力〟が必要になってきているのです。このような時代の流れの中で、私は浦河べてるの家が長年実践してきた生活モデル、地域福祉の発想を、もっと広げる必要があるように思います。

ところで、私と浦河べてるの家との出会いは、もう三十年ほど前にさかのぼるのですが、「道東」という北海道の釧路・根室・別海方面で長年、農村伝道に力を注いでいる宣教団体があって、私はそこの牧師信徒研修会の講師を、数年にわたって務めたことがありました。

その団体の中で中心的な働きをしている一人の牧師から、「先生の『医療の心――クリスチャン医療の在り方について心で対話する』（聖文舎、一九八九年）で書いてあるような、おもしろい発想で福祉をやっている人たちがいるので、見に行かれたら？」と言われて、初めて浦河べてるの家を見せてもらったわけです。

その折、赤十字病院の駐車場に迎えに来られたのが、後に向谷地さんのお仕事の強力なパートナーとなる川村先生と、「ミスターべてる」こと早川潔さんでした。そして私の歓迎会として、星空の綺麗な屋外でバーベキュー大会をしてくださいました。私はそのとき、「これはまさにソーシャルワーカーの仕事だ」と直感したのです。医療者は病院という非日常的な空間で患者さんを治療し、看護していくわけですが、福祉は地域という日常的な生活の場で病気を抱えながら生きている人たちを支え、生活力という健康な部分を生かして病気を治す。こんなことは、役割期待に固まってしまっている従来の医療者からは出てこない発想だと思ったわけです。

向谷地　最近（二〇二二年）、強制不妊手術の問題が明らかになって、一九五一年（昭和二六年）当時の『北海道精神衛生白書』を見る機会がありましたが、驚いたのが「精神障害者はその疾病のため社会復帰ができず、失職、貧困、浮浪、犯罪、その他、甚しい反社会的な不安を醸成している」と書かれていて、ほとんど犯罪者ないしは、予備軍という見方をしていたことです。精神科病院が社会の安全装置として機能してきた、そして、当時の施策をいまだに引きずっているということです。「地域で診る、看る」ということは、国民の文化を変えるということにも匹敵する大きなテーマですが、私たちが目指してきたことは、当時すでに世界の常識でもあったわけです。

しかし、私たちもそう思いながら、退院すると再発し、入院すると落ち着く、というこのパターンから抜け出すことにほんとうに苦労をしました。今思えば、四十年の年月を費やして、スタッフや本人、家族の意識、それにあった地域の仕組み、既存の医療システムの変革、財源の確保など、失敗を重ねながら気の遠くなるような作業の積み重ねから、ゆっくりと生まれてきたような気がしますね。

工藤　私は医者としてのスタート時、保健所の相談員をしていたことがありました。そこへ地域の住民から苦情がきました。幻覚・妄想状態の高齢の女性が夜中外を出歩いてわめきちらすので、なんとかその人を病院に収容してほしいというものでした。そして、それには、その方の夫の同意が必要なのですが、ご主人は仕事が忙しくてなかなかお会いできません。

三回目にうかがって、やっと夜お会いできたのですが、「いろいろうるさく言われるのであれば、今受けている福祉サービスももうやめる」と言われて、私たちは追い返されてしまいました。

その当時、病院は診察三時間待ち、薬局も三時間待ちの時代で、診察を受けるには一日がかりです。そんなことは、普通の患者さんにできることではありません。今思うと私はもう三十代で、ほんとうの病人というものは病院の外にいる、ほんとうの医療とは「待つ医療」ではなく「出て行く医療」でないとダメだ、ということに気づいていたことになります。聖書で言う「囲いの外にいる羊」（ヨハネの福音書一〇章参照）という意味合いの現実です。

当時のお医者の研修は、まずは大学病院、県立病院、私立病院という流れでした。どちらも組織の中の医療で、私の中にはいつも不全感がありました。

ですから、向谷地さんが当時あまり人が近づかないような教会に住み込んで、地域では受け入れてもらえないような人たちを受け入れて、べてるの働きを始められたというのはすごい〝冒険〟、医療者の手のおよぶところではないと思ったわけです。

地域の人たちは、あの人たちは何をするかわからないと距離を置き、仕事を与えるなどということはとんでもない、という時代です。病院の中で、社会復帰療法の一環でバスに乗る練習、銀行でお金をおろす練習などしていたのです。そして、たとえ病院の中で良くなっても次のステップはないわけで、私は医者として「自分はいったい何をやっているのだろう」という素朴な疑問、無力感をずっと悩んで抱えていました。

そのような時に、浦河べてるの家は障害者が〝共同体生活〟をし、「昆布」の全国販売というかたちで社会参加し、多額の収益をあげていると聞いて、びっくりしてしまいました。仕事をして社会参加をするということは、その人の存在証明になるだけでなく、人が心の健康を回復するうえで非常に大事なことです。それで私は、浦河べてるの家の発想とその歩みに強い関心をもったのです。

そして、『べてるの家の「非」援助論』（医学書院、二〇〇二年）が出版され、その中に章のタイトルとしてあった「弱さを絆に」という言葉に強い関心を持ちました。その当時はまだまだ高度経済成長のなごりが日本全体に生きており、「弱肉強食」の思想、つまり強いこと、大きいことが良いこと、という拡大思考が猛威を振るっていたからです。それに加えて向谷地さんの重要な支え手である川村敏明先生が「治さない医療」を目指していると言われ、またまた驚きました。当時は「病気、即悪」と捉えられ、治すことのできない病気、とりわけ癌は医療の敗北と捉えられていた時代だったからです。

私が川村先生に「どうして向谷地さんと一緒に働くことになったのですか」とお聞きしたら、「私は、医者になりたくて北海道大学を出てから札幌医科大学に入学し直しました。そして、いろいろなところで研修したあと、どこに行こうかと思った時に、ぜひ向谷地さんと仕事をしたいと思ったんです」と言われて、私は「ウン、これはおもしろい」と思ったのです。というのは、当時の医療は、医師がいつでも司令塔という〝上から下〟の構造を持っていて、ナースもワーカーも医師の傘下で働くという考えが支配的で、とてもチームアプローチ（多くの職種が一つの目標を達成するために連帯し、協働すること）ではなかった。これからは優れた福祉の思想をもっている人の働きに医療者が馳せ参じるということがあってもよいのでないか、と思ったからです。

この点からいえば、川村先生が向谷地さんのところへ身を寄せたというのは、とても大きな意味をもっていると思いました。

向谷地　べてるは、パズルのように人がつながっていて、それで成り立っている感じです。川村先生も、はじめは研修医として一年の予定で来たんですが、浦河が気にいって二年に延ばしてもらったんです。後日談として、常識外の発想で仕事をするやんちゃな私たちは、同時に精神科に出入り禁止になるという懐かしい思い出もあります（笑）。川村先生はその後、医局に戻るんですけど、先生はしょっちゅう電話をくれて、浦河での懐かしい話をしながら、苦しいことよりも笑っているほうが多かったような気がしますね。それで、先生は四年後に浦河への奇跡の〝出戻り〟を実現するんですが、私が精神科の出入り禁止を解かれるまで五年かかりましたね。

工藤　今振り返ってみて思うことは、当時の医療の「医」は囲むの「囲」、「看護」の「看」は管理の「管」、「福祉」の「福」は服従の「服」ということです。そういう世界だったので、患者さんは、人間として生きる生活空間が奪われ、病気の回復にいちばん大切な主体性、自由、尊重、自発性を損なわれていたわけですから。これは、「人権思想」の育たなかった日本社会の〝悲劇〟です。

このように考えると、お二人のなさったことは、従来の医療モデルで教育された医療者にとって向谷地さんも、川村先生も〝冒険者〟なのかもしれません。というのは、浦河べてるの家のやり方では、医者もスタッフの一人になってしまい、変な専門性、権威にこだわっている医師は不全感に陥りかねないからです。医者がアイデンティティーの危機に瀕するという事態が生じてしまう……。

向谷地　当時（一九八四年）の川村先生も私たちも、〝出禁〟という扱いを受けたことに関して、落ち込んだり、反発したりするよりも、今考えるとよく〝研究〟していたような気がしますね。それと、自分たちに起きたハプニングを機嫌よく笑ってました。私も一つの実験として、とにかく私を追い出した先生の悪口だけは言わないように心がけたのを覚えてます。

工藤　どんな職場でも働く時に、近くに同じ方向を向いて協力できる同労者が一人でもいるというのはとても心強いことです。いやむしろ、必須条件と言えるかもしれませんね。中国のことわざに「徳は孤ならず」（徳のある人は孤立しない）とあります。

向谷地　川村先生は二、三日に一回は「浦河どうだ？」という感じで電話をくれて、話をしていました（笑）。

「治す医療」から「治さない医療」へ

工藤　川村先生のようなお医者さんに出会えたというのは〝天の采配《さいはい》〟で、この点、向谷地さんはものすごくラッキーな方だったと思います。川村先生のようにご自分の住居まで変えて、浦河に骨を埋めるような決断ができる方というのは、なかなかいないですからね。二〇一九年に、残念ながらアフガニスタンで亡くなられた中村哲先生の生き方にも、通じる生き方ですね。

川村先生のキャッチフレーズ「治さない医者を目指している」という表現は、私から見ると、「病気ではなく、その人の中にひとりの人間を見る」、あるいは「その人を、その人として尊重する」という考えが根底にあるのではないかと思います。〝病気から始まる人生〟というのも大いにあり得ることです。ところが、医学教育のスタートには「診断学」というものがあるために、我々医療者というのは幻聴や妄想のある人を見ると、すぐそれを治そうとします。

ところが浦河では、「病人」である前に一人の人間で、「病気は大事なサインだから消してはダメ」という考えがある。そして幻聴・妄想があっても異常視しないで「幻聴さん」と受けとめる。そして「幻聴さん、今日は私疲れているからお休みください」などと言って敬意を表す。すると向こうも、助けてくれたりすることが起こる（笑）。このような「平和共存的」な発想は、従来の医療の視点ではありません。

浦河べてるの本の中には、患者さんは医者に幻聴体験の話をすると、その異常体験を消すためにすぐ薬を出されてしまうので、医者にはほんとうのことは言えない、と書かれています。医者のほうは、幻聴のあるなしが問題だから、いつも幻聴だけをテーマにしてしまう。そうすると働きかけるのはいつも病んだ部分だけで、健康な部分は無視されて、もうなかなか全人的な関わりができなくなってしまう、という構造的な問題が起こってしまうわけです。

向谷地　その辺の発想はどこから生まれたかというと、浦河では依存症の人たちが、自助グループの中で自分の離脱症状の時の幻覚・妄想体験をおもしろおかしく語る、というところからです。たとえば、酒が切れてきたらきれいな女性が現れて、酒を飲んだら消えてしまってもったいなかったとか、そのような話を楽しそうに語るわけです。そういう文化が、統合失調症のメンバーにも影響したと思います。

工藤　私が初期に出会った患者さんで、「幻聴があると困るけれども、幻聴があることによって私は社会や、人とつながっているのかもしれない……。幻聴が去ったら寂しい」と手紙を書いてくれた人がいました。私はそれを読んで、初めて幻聴の必要性を感じました。つまり、幻聴は何かの意味があって生じていて、取り去ってはならないということに気づいたのです。

しかし一九七〇年代の医療は、「治す医療」だったので、治らない病気に関しては非常に冷淡でした。その最たるものが、身体的な病気では癌、精神科領域では〝分裂病〟。今で言う統合失調症でした。そういう点では、幻聴体験もその症状をなくすこと、つまり「治す」ことが医者の仕事、治療者の勝利と見なされていました。

ところが、癌治療の領域ではエリザベス キューブラー・ロスという女性医師が『死ぬ瞬間――死とその過程について』（読売新聞社、一九九八年）という本を出して、一大センセーションを巻き起こしました。つまり、癌治療には身体的治療の他に病人の心理的支援が必要ということです。

キューブラー・ロスは、死にゆく人にも心理的な理解と支援が必要ということを明らかにし、その告知が必要なことを訴え続けました。幸いその後、癌の痛みもコントロールができるようになって〝キュア（CURE＝治す）はできなくともケア（CARE＝世話、看護）はできる〟という概念が定着しました。

この医療の流れから見ると、浦河べてるの家の働きはそのスタートからキュアではなくケアの精神の現れで、特筆に値します。

近年、天災や人災、さまざまな事件・事故が起こって、私どもは〝明日は我が身〟で生きています。阪神・淡路大震災が起こったとき、はじめはみんな、自分には直接関係ないと思っていた。それが、いつの間にかこうした危険がいつ自分の身の上に起きてもわからない時代になってしまいました。

こうした流れの中で、阪神・淡路大震災が「ボランティア元年」と呼ばれるようになり、東日本大震災に見るように、支援活動は私たちの日常生活に定着するようになってきました。つまり、ケアの時代の到来です。

向谷地　私が学生だった一九七〇年代は、いろいろな領域での平和や環境問題に関わる市民運動や当事者運動が立ち上がった時代でした。その影響を、私は多く受けていると思っています。そのような運動も、八〇年代、九〇年代になってくるとしりすぼみ状態になっていきました。あの時代は、いわゆる批判すべき対象や問題があって、市民や当事者が立ち上がったわけです。しかし、浦河はそのような空気、それは社会の出来事に関心を寄せて自分ごとにする、浦河で言えば、メンタルヘルスの問題は私たちが生きている地域の歴史、社会の現実と無関係ではない。だから「未病者」としての当事者に学ぶこと、教えられることが大切になってくるわけですが、それがずっと絶えずに続いているというのは、非常におもしろいと思います。

七〇年代に立ち上がってきた市民活動や当事者運動、患者運動などは、時代を変えていく主役は市民一人ひとりなのだという発想・思想をもっていました。世界的に見てもそうですね。ベトナムの反戦運動などともリンクしています。そのようなところから立ち上がったものが、浦河の中でずっと続いてきたというのは、とても大事なことだと思います。自分たちが「苦労の主人公」でなければ何も変わらないのだという、そういうもの、これだけは絶やさないようにとお互いの中に合意としてずっとあったと思います。

プライバシーの問題

工藤　長い間、浦河べてるの家の働きに注目して、その特異性はどこにあるのだろうかと考えたとき、以前、向谷地さんが東京都のソーシャルワーカーの研修会で話された一つのエピソードを思い起こしました。その研修会で、向谷地さんが「ぼくの名刺には、携帯番号も書いているんです」と言ったら、即座にフロアから手が挙がって、「そんなプライバシーまでオープンにするなんて、守秘義務に反するのではないか」という質問が出たという話です。私は「ああ、やっぱり」と思いました。私がずっとひっかかりを持っていた点だったからです。ご存じのように、〝臨床心理士〟が日本社会に登場したのは阪神・淡路大震災あたりからで、そのこと自体は大いに喜ばしいことですが、何かおかしい、おかしいと私は〝ひっかかり〟を感じていました。

たとえば今、私が働いているクリニックに最近、B型支援の障害の方々が多く来られるようになり、その生活を聞いてみると、大半が「社会的孤立」の中にあることに気づきました。そこで月に一度さまざまな人が集まってワイワイする「お茶会」を計画しました。それで、当事者の方々のカウンセリングをお願いしているカウンセラーたちもお誘いしたら、「参加は遠慮したい」と言う。その理由は、「患者さんとお茶を飲んではいけません」とか「オフィスではない場所で、悩み事や話を聞いてはいけません」と教えられるとのこと。

精神科医療では、私たちは「お医者様」という高台にいてはほんとうの仕事ができない。相手の土俵に上がって相撲をとってこそ、良い仕事ができることがあります。この点、向谷地さんはその働きを始められるとき、人が来なくなった教会堂を使って、精神疾患の人たちと生活を共にしておられると聞いて、もうそのスタートからして、通常のソーシャルワーカーの働きと違うなと思ったわけですね。

向谷地　仕事を始めた時に、どういうことを大事にしたらいいかと先輩方に聞いたら、共通して「距離を保ちなさい」とか「公私の区別をきっちりつけなさい」「自分のプライバシーをあまり見せてはいけない」と言われました。私は、学生時代に難病や障害の領域で活動する中で言われたことのない言葉に違和感を感じて、逆に住所も電話番号も名刺に書いて、配って歩きました。そのことによって不利益を被るとか、大変でたまらないということはありません。今こういう世の中で、そのようなスタンスをもっていると、逆に相手がちゃんと自制してくれます。

工藤　この点に関して、私には忘れがたい思い出があります。私が大阪に出た七〇年代は、当時の社会全体が精神病者を特別視する傾向にあって、教会の中にも精神的な病の人を敬遠する雰囲気がありました。そんな時に、P・トゥルニエが日本に来て、「関西牧会相談センター」というものができました。
その発起人の中にAさんという主婦であり、優れた薬剤師の方がおられました。

その方は国立大学の学生だった時に発病し、精神病についても良い理解をもっておられたため、「心の泉会」という全国組織を立ち上げ、「社会的孤立」を余儀なくされている方々の電話相談を自宅で受けることを始めました。

周りは、「そんなことをしたら、夜中でも電話が集中してとんでもないことになるのではないか」と恐れました。しかし実際にやってみたら、多少の混乱はあったものの、全く心配することはありませんでした。「私は主婦なので、夜十時から翌朝八時までは電話を控えてください」と言っていたら、九〇パーセントの人はそれを守ってくれたそうです。

精神障害の人というのは自制心がなく、見境なく電話をかけるとか、物事の秩序がわからないと思われがちです。しかし、その人の訴えを頭ごなしに否定したり、禁止したりするのではなく、時間を守るように伝えたら、ほとんどの人が守ってくれたというのです（『牧会者と心の援助』いのちのことば社、一九九三年）。

向谷地

先ほどの相模原事件の容疑者に憧れる青年も、相談センターとか役所に一日二十回とか三十回電話をかけるわけです。センターの人たちは、聞いてあげなくてはと思って、一時間でも二時間でも話を聞くわけです。結果、業務が回らないと言って困っていました。私のところにも彼から電話がきますが、「今日は会議があるのであと三分」と言うと、「わかりました」と言ってちゃんと電話を切ります。

だから、ただただ傾聴してあげなくてはいけないといって、嫌な顔をしながら聞いているふりをしなくても、ちゃんと言えばわかってもらえるのです。

当事者研究〜素人集団の力

工藤　浦河べてるの家の働きで、私が「すごいな」と思うもう一つの特長は「当事者研究」（病気も含めたさまざまな出来事を自分の研究テーマとして取り上げて、苦労のメカニズムを解明したり解消方法を仲間と一緒に考えたりする自助活動）です。参加する一人一人がその人の悩み事を自分のこととして考え、自由に意見を述べ合う。

医療の世界では患者さんは「治療対象」なわけですから、どうしても主体は医療者になってしまう。一人一人が人前で、自分の病気のことを語り、仲間から助けてもらうような現実は容易に実現しないのです。

この点、浦河は「三度の飯よりミーティング」というキャッチフレーズのように、何でもみんなで相談し合う、話し合う。そして、この研究の主体は当事者、つまりご本人。一種の〝共感〟〝共有〟という交わり、関わりを大切にした「集団療法」ですね。するとおそらく、そこに参加する人たちは、日々病気で苦しんできた中から生まれてきた経験・体験から伝授された知恵があるわけですから、有益な学び会となるでしょう。そしてそれは、医者・患者関係、あるいはカウンセリング関係とは違うダイナミズムが働くのですごい力になる……。

ところで、私が向谷地さんにお聞きしたいのは、「当事者研究」を土台に据えるに至った経緯です。どういう発想・お考えですか?

向谷地

影響を受けたのは、やはり一九七〇年代の当事者運動の理念だとか依存症の人たちの回復のプロセスですね。自助グループで「アル中の〇〇です」と名乗って、「仲間」と「語る」(ミーティングする)ことによって回復していくわけです。べてるは、依存症だとか統合失調症などを持つ当事者たちで立ち上げてきた場ですけど、依存症の回復文化と企業人との交流から学んだ社員一人一人が研究テーマをもって会社を盛り上げていく「一人一研究」にヒントを得たところもありますね。

それと、そのように語ることの文化の中から発信される当事者の知恵、経験を大事にしてきたことですね。統合失調症を持つ人の妄想の中には、過去に自分が経験したり、聞いたりしたものが、過去のものとしてではなく、まるで現実のようによみがえるという現象が起きることがあります。過去の経験が、まるで今起きているように、リアルに自分が見ている風景に映像として侵入してくるもんですから、そちらのほうが勝ってしまう。特に、孤立感、孤独感が強い人は、その見極めが難しくて過去のつらい経験のほうが優位になってしまうんです。仲間が増えたり、人とつながったり、交流したりして人間関係のボリュームが増えていくと、過去の現実のボリュームに負けないつながり感が生まれて、逆転します。そういうこともあります。

象徴的な例として一つ紹介します。ある統合失調症をもつ女性が、テレビでいろいろな事故や事件を見るたびに、これは全部自分が起こしたことだと言うのです。この女性も縁あって浦河に来ました。彼女は統合失調症の影響で顔面を凄まじい力でバッティングする癖があります。それまでバッティングが始まると、彼女は病院に連れて行かれて、鎮静剤を打たれ、投薬されて、頭にヘッドギアをされたりしていました。

そんな彼女が、べてるのみんなの前でバッティングを始めました。「さあ、みんなで研究しよう」と言って、私は思い切ってメンバーさんに任せたんです。すると女性のメンバーさんたちは、「どうしよう、どうしよう」と言いながらもバッティングする彼女の前で、「自分がバッティングすれば彼女が止めるのではないか」とか、「頭にマフラーを巻いてみようか」とか、いろいろなことを自分たちで彼女とワイワイ相談しながらチャレンジをしたんです。すると、一人の女性メンバーがバッティングしている彼女の脇腹をコチョコチョとくすぐったんです。そうしたら彼女が突然笑い出して、バッティングが止まりました。彼女は十年来、医療とつながって入退院を繰り返してきました。それでも対処法は見つからなかった。彼女の場合は、笑えばよかったのだということと、大切なのはそれを生み出した関係なんですね。

工藤

私が注目しているのは、向谷地さんのような優れた介助者がいてこそ、そういう話し合い、分かち合いが核心部分に展開していくに違いないということです。こうして当事者同士の励まし合い、分かち合いで、参加者は思いがけないところに抜け道があるという気づき、発見に進展していく。浦河にはそうした仲間の助けがある。〝孤立〟は諸悪の根源ですから。

向谷地 そういう意味で、その大変さをその人自身に、またその人たちの仲間にゆだねると、すごい解決策やアイデアが生まれるんです。

工藤 向谷地さんのこれまでの発言は大半、当事者研究から学んできた経験みたいなもの、と私は理解しているのですか。

向谷地 そうですね。私は現場主義の人間ですから、やはり、学んできたものをかたちにするためには、自分が経験して味わうことなしには自分のものにならない、というのがあります。

工藤 なるほど、「現場主義」の本領発揮というところですね。これは私にとっても、とても大切な意味のあることで、私が「病院組織」で苦しんだ出来事にも通じる大切なメッセージです。病院という組織も大きくなると上層部は〝現場〟がわかっていないので、〝上意下達〟で第一線で苦労している人の問題の共有ができていないことが生じる。つまり、働く側の利益、都合が先だってて肝心の患者さんの声をくみ取る医療になっていない。そのくせ「全人医療」などというきれいごとを言う。ともあれ、同じ病を抱えている人たち同士の言葉のほうが、はるかによくその人に届くということがありますね。

しかし私がおもしろいと思ったのは、向谷地さんが当事者にそこまで信頼を置く、任せるということです。医療者は変な特権意識があって、病む側の人のそばに寄り添っていないことがしばしばです。

向谷地　現場に入ってからは、依存症の人たちに鍛えられて、学生時代は患者運動の当事者に学んだことが多いですね。それとなぜ任せたか。その人はバッティングの研究をしたくて浦河に来たのに、調子が悪そうだからと病院に連れて行くのではつまらない。

工藤　浦河べてるの家の特徴は、いろんな人の出入りがあり、いろいろな引き出しを持っている人がたくさん集まる、そんな豊かな土壌があって、一人一人が自分の力を引き出すことができるところですね。

これはすごいことです。今の医療は専門性を高め、分けていくことでサービスが高まり、それが進歩だと考えられています。たとえば、小児病棟・思春期病棟・高齢者病棟……と病棟を分ける。ところが、実際にそういうことによって〝ごちゃまぜの世界〟が持つ豊かさが失われていく。〝老人が若者を助ける〟〝子どもがお年寄りを助ける〟という相互性がどんどん損なわれていく。

私がいた病院で海外のホスピスを見学しに行ったとき、たしかカナダでは、ホスピス病棟はかならず新生児病棟や小児病棟を患者たちが通って行く構造になっているという話を聞いたことがあります。高齢者が孫のような子どもたちの姿を見て安心するという気配りです。

このことは教会などが、教会を聖域と考えて〝外の世界〟を区別する〝クリスチャンの誤った特権意識〟にも通じることで、浦河べてるの家には、向谷地さんの人を異常視したり排除したりしないで、ありのままを受け止める姿勢がある。それは今日の「多様性の尊重」につながる哲学がある。

「センスが良い」ということ

向谷地　やはり、そういう人たち一人一人を見ていると、大事なことがその人の中に起きているような気がしますね。先ほども少し紹介したんですが、ある市役所関係者からの相談をきっかけに、相模原事件やオウム事件を起こした容疑者を超えてやる、という物騒な発言をして騒がせていた一人の青年にずっと関わってるんですけど、彼は、あちらこちらの相談機関に電話をかけまくったり、行って苦情を言ったりして、どこでもお手上げで、最後には「テロでも起こしてやるか」と言うものですから、担当者がＳＯＳを出してきたんです。関係者も手詰まり状態になっていたので、私はその担当者に、「私の電話番号を彼に教えてください」と言いましたら、その青年から電話が頻繁にかかってくるようになりました。

役所などにかける電話の内容が興味深いんです。「出会いがほしい」、「だれか僕とランチを食べる人はいませんか」というような内容です。話を聞いていくと、「今のこの時代を生きる若者」だなと感じます。無職で、毎日が楽しくないし、仕事をしても自分は奴隷のようにただ働かされて、そこで得たお金は何になるのか、と言います。私は旧約聖書の「伝道者の書」に記された伝道者の嘆きにも似た青年の言葉に、「実にセンスがいい！」と言いました。

工藤　私は、福祉の学生や神学生に、学生時代にぜひ浦河を見学することを勧める主な理由のひとつはそこにあります。病人のリアリティに触れてもらいたいからです。しかし残念ながら一度として実現したためしがありません。みなさん教科書のレベルで止まってしまうからです。

『「べてるの家」から吹く風』（向谷地生良、いのちのことば社〔増補改訂二〇一一年年〕）という本の中には、松本寛君の実話がでてきます。精神病になりたくてなりたくて、やっとなったという内容のものです。日本社会がすっかり〝仕事社会〟になってしまい、人々が競争や自己責任に追いまくられている時代を何か「おかしい」と感じて、病気になったら強迫的に仕事に追われなくてもいい、八時から会社に行かなくてもいい、だから病気になりたくてたまらなかったという話です。

おそらく彼の中には、早い時期から自分がこの社会から管理され、自分らしくを生きることが妨げられ、社会的役割を担わされることへの抵抗があったのかもしれませんね。

この松本君のように、浦河べてるの家に辿り着いた人々は、自分の人生に対する〝物語〟を持っている。病気はしばしばこの〝こころの自由〟を疎外するものへの〝人間的抵抗〟の一つのように私には思えるのです。

私は今日、「テロを起こす」と騒いで向谷地さんのところに辿り着いた青年の話をうかがい、彼のキーワードに〝一緒に食事をする人がいない〟という現代人の孤独、寂しさを表現しているように感じました。松本君の話には仕事、仕事と追いまくられ、人間的交流のない現代社会の人間疎外、悲しさ、空しさが隠されているような気がします。ですから、医療福祉に携わる人は、症状の改善を目指すだけでなく、人間の疎外状況に対する〝共感〟能力が必要な気がします。教科的な知識ばかりで人を何とかしようとする〝操作主義〟の勉強だけしていてはダメみたいですね。

向谷地　そうですね。松本くんが入院したとき、「やっと病気になれた」といった言葉から、私たちは競争社会の抱える病を読み取るセンスの大切さを感じましたね。

工藤 人間の生き方にはいろいろあって、競争に生き甲斐を感じる人たちもいれば、もともと競争することには合わない人たちもいます。出世しなくてはならないと思う人と、出世なんてどうってことないという人もいるわけです。そういう点では、一人一人の個性、感性、徳性を見分けるセンスというのは、とても大事なことですね。
向谷地さんが患者さんに「センスがいい」とおっしゃいましたが、私から言わせると、抜群にセンスがいいのは向谷地さんご自身だと思いました。今の世の中が良しとしているものでは、しょせん人間の抱えるほんとうの寂しさを埋められないというところで青年を理解し、その本質を捉える。この辺のすばらしいやりとりが根底にあるのでしょうね。

向谷地 私は松本君と出会って、何の目的もなく人と人とが出会い、交じり合うような人間関係の大切さを感じましたね。当事者研究から生まれた考え方に、「石ころの原理」があります。それは、人は生まれた時には、だれもが「岩の欠片」のような存在で、それが川の上流から下流に下るにつれて擦《す》れあって丸くなる、という考え方です。

今の時代は、欠片のままで大人になった人たちが、とても多いような気がします。当事者研究というのは一種の擦れ合いの場ですね。いろいろな人たちが好きなことを言って、ああでもない、こうでもないとワイワイガヤガヤしているようなにぎやかさは、昔より現代のほうが、社会の中に少なくなってきているような気がします。社会が効率的で、わかりやすくなってしまっているのです。

当事者研究というのは、みんなでそのことを一緒に研究する、言ってみれば対話が起きていくわけです。対話というのは、いろいろな人の経験や発想が集まってくるプロセスですが、その中でわかりにくい妄想的な体験を語る人たちも、排除されない、すると攻撃的だった声も和らいでくるんです。ほんとうに不思議です。

工藤

なるほど、現代社会の人間関係の持ち方がいろいろな問題を起こしているという見方、捉え方は注目に値しますね。昔から私たち精神科医の間では、〝こころの病は時代の反映〟あるいは先取りという見方、考え方があります。

ところで、浦河で盛んな当事者研究を取り入れようという動きは、自然発生的なものだったのですか？

向谷地　直接のきっかけは、〝爆発〟を繰り返す一人の統合失調症の青年とお互いに行き詰まり感を抱えながら面談していたとき、私がつぶやくように「どうしたらいいかわからないから一緒に研究しようか」と言うと青年がすごく乗り気で、そこから始まりました。研究対象であった当事者が、「自分の研究者」になるということは、今までになかった発想です。

べてるは、見方によっては大きな社会実験だと思っています。さまざまなことにチャレンジをして、日々起きていることを発信していますから、やはり興味関心が集まってくるのだと思います。広島大学で開催されるマネジメント学会に呼ばれたことがあるんですが、経営学という観点で、どうやったらあのような過疎地で経営が成り立つのかという話をしました。四十年間の中で、浦河の主だった企業はみんなだめになりました。当時あった銀行も、名前が変わっています。病院も半分以下に縮小しました。その中で、地域のお荷物と言われた人たちが創ったべてるがずっと成長をしてきました。過疎が地域を弱らせるんじゃない、と思っています。私は過疎というのは、希望をもったり、理想を語ることをあきらめた結果生じている、ある一つの象徴的な現象ではないかと思っています。

「和解」としての当事者研究

向谷地　二〇一七年十月に大阪で「関西当事者研究交流集会」があり、大阪大学の豊中のキャンパスに百五十人ほどが集まりました。医師、看護師などの専門スタッフやさまざまな領域の研究者、そして、統合失調症などを持つ当事者やその家族も集まって、それぞれの研究発表をしました。親子関係の研究、イライラの研究、などいろいろな研究発表がありました。ポスター発表では、その場で経験交流が始まって、とても盛り上がりました。そんな感じで、関西の当事者研究は、非常に勢いがあっておもしろく、当事者研究のグループも次々に立ち上がっています。実は、その中心を担っているのがお坊さんたちで、場所を提供しているのもお寺なんです。

工藤　うーん、お寺ですか。考えさせられますね。

「和解」という言葉は、キリスト教の専売特許と思っていました（笑）。先ほどお話しした「心の泉会」発足時、主催者は場づくりにとても苦労しました。肝心の教会は会場となる場所を提供してくれないし、ホテルだと賃料が高くて払えない。当時のキリスト教界は、地域共同体の支援活動に大幅な後れを取っていますね。

向谷地　教会でもそのような集まりがもたれて、そこに牧師たちも来てくれて、浦河のように当事者研究を通じて〝地域の苦労が教会の苦労になる〟ということが始まったらいいですね。教会もさまざまな経験を持った人たちが集っているので、研究の輪をつくることができればいいなと思います。

工藤　なるほど。私は三十年来、ある神学校で牧会カウンセリングを担当しているのですが、そういうことの実現のためには、これまでの神学校教育そのものを根低から変えないといけないのでないかと思いますね。いや、もう到底無理かもしれない。変に固定してしまっている。

先日、ＮＨＫラジオで今の日本の仏教の大御所の話をうかがいました。その方は仏教系の大学で僧籍を取ったものの、その先の大学院でハーバード大学の神学部に留学しました。その選択の理由が、この有名大学でのプログラムがすべて社会に関係しているものだったからだと言われました。この点、日本の神学校は発想の転換が必要でしょうね。

向谷地　いろいろな立場の人たちが立場を越えて自由に集う、共に研究するという、草の根的な〝うねり〟が、全国はもとより海外、特に韓国で始まっていますね。

工藤　向谷地さんたちが行っている当事者研究はどんどん広がって〝うねり〟になってきているというお話を聞いて、私は「もしかしたら」というほのかな期待を持ち始めています。

というのは、私は長い間、神学校教育の問題を指摘し、『これからのキリスト教』（いのちのことば社、二〇〇五年）を出版しました。また今から四十年前、神戸で「牧会事例研究」というものを始めました。これは、牧師が牧会という現場で失敗談から学ぶというものでした。今をもっても全然広がらない。というのも、牧師の世界は驚くほど自己防衛的で、全然オープンではない、むしろ最近では守秘義務などという隠れ蓑でもって自己の吟味がまったくなされていない。しかし、医者教育では、ＣＰＣ（Clinical-Pathological Conference＝めずらしい症例や教育的な示唆に富む症例を対象にして、参加者が一つ一つの症例から多くを学び取る）が必須で、アメリカでは今日、この臨床牧会教育をパスしないと牧師の免許を与えないというほど大事にされています。日本では信徒のケーススタディーもなければ、牧師自身の当事者研究もない。

向谷地　実は、精神科医の当事者研究も始まっているように、「牧師の当事者研究」も必要ですね。それと、信徒みんなが自分の研究者になる、〝自分の牧会〟をする、その意味で、教会にももっと語る場や自己表現の場、対話の機会が必要だと思います。

工藤　当事者研究というのは、一人一人の大切さ、かけがえのなさ、その人を取り囲む生育環境の重大さを吟味し、自分を知る大切な機会です。そして、そこに参加した人々がケースを通して自分自身を知り、人間を知る大切な機会で、それはとても聖書的な世界だと思うのですが、現実にはとても、とても……。

向谷地　実は当事者研究のいちばんのテーマは、「和解」なんですね。私は、当事者研究という実践を通して、立場や経験、文化、物ごとの見え方、感じ方が違う人たちが、自然も含めて共に生きようと模索し合う活動だと思っています。

工藤　〝和解〟は人間関係の広がり、〝生きる力〟ですからね。おそらく当事者研究に参加した人たちは、自分自身と和解し、社会と和解し、「よし、この私で生きていこう」とする自己肯定感、勇気をもらうのではないでしょうか。

向谷地　私は、当事者研究は人が人として理解し合い、助け合えばいい、という単純なヒューマニズムとは違うと思っています。当事者研究のような場を経験すればするほど、人は無力であることを痛感することも少なくないですね。人間というものの限界や、ある種の弱さが見えてくることがありますけど、それは、説明が難しいのですが〝大きな命〟という、村上和雄（分子生物学者）の言葉を借りるならば、それぞれが生命を生み出した〝サムシング・グレート〟を覚えるということだと思ってるんです。

「情けなさ」を抱えて生きる

工藤　向谷地さんの著書『「べてるの家」から吹く風』の中に、「アル中になってもいいよ」という項目があって、この項目にガーンとやられた人が多いと、聞いたことがあります。

向谷地　はい。私にとってアルコール依存症をもつ人たちとの経験が、私自身のそれまでの考え方を打ち砕くものでした。病院だと「病気を治す」、ソーシャルワーカーだと「困りごとの解決」ということを期待されます。しかしそれ以上に、苦労したのが、最初にも話したように職場では、今までの常識を覆す行動を取るので上司の先生にどんどん嫌われていきましたし、事務の上司には、「電話の回数が多すぎる」とか、「外を出歩きすぎる」とか、「公私混同極まりない」とか言われ、あちらこちらから小言を言われ続けて、最後には精神科に出禁になって患者さんとの関わりも止められて窓際生活もしました。

とどめは、喧嘩の仲裁に入った時に、依存症を持つメンバーさんにこてんぱんに殴られたことですね。そこで気づいたことは、お酒を飲んで周りに迷惑をかけ続ける「アル中さん」との付き合い以上に、「自分とのつきあいの難しさ」という現実でした。そこで生まれたキーワードが自分の「情けなさ」だったんです。そう気づいた時に、イエスの弟子たちの情けなさというものが、とても身近に感じられました。「情けなさ」というのは、とても大事だと思ったんです。

イエスと弟子たちの物語は、自分にとって永遠のテーマだと四十年間ずっと考えてきました。もし今、自分たちの前にイエスが現れたら、私たちはもう一度彼を十字架にかけるのではないだろうか、とだれかが言っていましたが、そういう弱さを、私たちは常にどこかに抱えながら生きているのではないかと思うんです。そう考えたとき、子どもたちに「親のような依存症になってはいけない」という関わりではなく、「なってもいい」という思いで関わることができるようになりました。

べてるのメンバーの多くは、ほとんどが人間関係での成功体験が極端に少ないわけです。だからこそ私は、メンバーたちの経験に救われてきましたし、そこに希望、可能性を感じますね。そのように、究極の「人間関係のうまくいかなさ」、ミゼラブルな現実を抱えている精神障害を経験した人たちの世界というのは、非常に深いテーマを内在化しているのではないだろうかと思うんです。そういう意味で、大事にしなくてはいけないと思います。

その人たちの生きる世界を知るにつれて、やはり「こころを病むこと」を単なる医学的な領域だけでくくってはならないと思うんです。むしろ、人間や社会そのもののありようを問うていくという意味では、教会はこのような病気を経験した人たちがたくさん来る場なので、教会が教会になるには、この人たちから学んでいくことを、あらためて取り戻さなくてはいけないと思います。そういう発想から、『精神障害と教会』（いのちのことば社、二〇一五年）という本につながっていきました。

工藤　今、向谷地さんが言われた「〝こころを病むこと〟を単なる医学的な領域だけでくくってはならない」という発想をお聞きして、私は三十代の時に書いた『こころの風景』（いのちのことば社、一九九二年）の一節を思い出しました。

その本の中に、杖をついて歩く人の話が出てきます。その人は、子どもの頃の怪我で外科の医師から、「今手術をすれば、皆と同じように歩けるようになるから手術を受けなさい」と言われるのですが、手術のために大切な友だちと修学旅行に行けなくなるのが嫌で、手術を断って杖をついて歩くようになったのです。

その人は後にその体験を振り返って、「どうして医者は治すことにこだわるのだろう、障害を持ちながら生きる道がある、ということを教えるのが本来の医学であるはずなのに」と言うのです。そして彼は、「むしろ手術を断って、杖を突く方向を選んだことを、私は全く後悔していない」と明言しているのです。それほど、子ども時代は〝友だち・同級生〟という存在が大切なのです。

数年前に、ラジオ深夜便で、山口出身の脳性麻痺の小児科医（熊谷晋一郎氏、東京大学准教授）が出演して、自分の生い立ちを話していました。

彼のお母さんがとても一生懸命な方で、不自由な体でもきちんと歩けるようにと、きついリハビリを毎日毎日やっていたそうです。しかし五歳の時に彼は、生命の叫びからなのか「お母さん、こんなことをやっていたら、ぼく、死んじゃうよ」と言ったそうです。本能的な言葉だったのでしょうね。

お母さんはそう言われてハッと気がついて、プレッシャーをかけるのをやめた。そして今、その人は東大の小児科の医師になり、准教授の立場で活躍しておられます。「私は車椅子の人生ですが、学生時代に同級生の助けを受け、社会に出て人々に助けを求めて、どこへでも行くことができ、外出も自由。人生を楽しんでいます。それは自分が〝助けてください〟と言えるようになったからだ」というようなことをおっしゃっていました。

先ほど私は、一九七〇年代の医学は〝治す〟ことに注力していたことを話しましたが、やはり当時のリハビリも、普通の状態に戻そうということが定番のようでしたし、障害者も「助けてください」と言わない、言わない不自由さの中にあった。だから周囲に手助けするチャンスを提供しませんでした。しかし、最近はようやく、生活の質・ＱＯＬ（quality of life）を認める考え方が一般的になってきました。

私が熊谷先生のお話を聞いて驚き、また納得したのはリハビリの世界でもずいぶん理念が変わり、日本社会に「互いに助け合う」という機運が生まれ始めたことです。若い日の向谷地さんが「アル中になってもいいよ」と言えたのは、今のＱＯＬに通じる考え方で、治すことに力を注いで病気をマイナスと捉え、「こうあるべきだ」と捕える医療モデルとは違う、生活モデルの考え方を持っておられたということですね。

向谷地　熊谷さんは、東京大学に開設（二〇一五年）された当事者研究の研究所の代表もしておられます。車椅子で全身介助の方ですが、単身東京に出てきて、大学に通って医師になってという今までの歩みが当事者研究そのもので、当事者研究に多様な領域の研究者や市民がつながるきっかけをつくってくれた方で、私たちの仲間です。

教会の在り方を考える

工藤　さきほど、向谷地さんから、「教会はこのような病気を経験した人たちがたくさん来る場なので、教会が教会になるには、この人たちから学んでいくことを、あらためて取り戻さなくてはいけない」と言われ、私は何かホッとしました。皆安心できる居場所を求めていますから。まさに、「三度の飯よりもミーティング」のとおりですね。みんなが集まってさまざまな話をする、問題を持ち寄って共有する場をもつことが大切であるということですね。

私は最近、『暴力と人間――トゥルニエとグリューンを読む!』(ヨベル、二〇一八年)という本を書き、その中にP・トゥルニエの、教会は今まで「教える」ことに力を注いできたので、これからはもっと「仕える」ことを志すべきではないかという一言を引用しましたが、私はトゥルニエのこの一言に、〝これからのキリスト教〟の行く道を見た思いがしました。

私が昔、『信仰による人間疎外』（いのちのことば社、一九九三年）という本を書いたのも、その核心部分の問題は同じです。というのも、これまでのキリスト教は、教義とか教理とか宣教、伝道が先行していて、かんじんの「人間」というものに届いていないのではないかということを指摘したからです。でも最近は、教会の働きの一つとして認知症カフェや〝高齢者の集まり〟がかたちをなし、信徒の実際的な働きの一つが障害者の通所施設などの開設に広がっていき、やっとこれからという思いです。

そういう視点で、浦河べてるの働きを振り返ると、向谷地さんの働きはその始まりからして人を大切にする、交わりを大切にする、人から学ぶ当事者研究をしましょう、というかたちで非常に聖書的な実践の世界ですね。

だから、浦河べてるが「弱さを絆に」をキャッチフレーズにして、みんなが助け合い、生活を共にしていることは、聖書の主張から見ると、とても大事なことだと思います。

ところでこうした話から、ずばりお聞きしたいのですが、向谷地さんから見て、今の教会のあり方やキリスト教福祉の問題点は、どんなところにあるとお考えでしょうか。

向谷地　教会は人の苦労が集まるところだと思っています。また、人の苦労につながっていく一つの場だとも思っています。

ちょうど産業革命の頃、イギリスでロンドンの郊外にスラム街が広がっていった時に、当時の教会の青年たちや、トィンビーというオックスフォード大学で経済を教える教師や学生たちがスラムに移住して（セツラー＝移住者と呼ばれた）その中から貧困の意味を考えたり、人間を考えたり、社会のありようを考えたりしました。のちに、そのセツラーたちがソーシャルワーカーとして職業化していくという歴史をたどります。

私もソーシャルワーカーの一人として最初に思ったのは、かつて教会の青年たちがスラムの中に飛び込んでいった、ということです。そのことがずっと自分の中にありました。それで浦河へ行って最初にしたのは、「この街で一番困っている人を紹介してください」と保健所の保健師さんにお願いして、一緒に依存症者を持つ家族を訪問したんです。それから、精神科病棟に入退院を繰り返す若者たちとの出会いがあって、この人たちと一緒に暮らそうということで、浦河教会で一緒に暮らし始めました。

私のソーシャルワーカーのイメージというのはまさに、イギリスの産業革命の頃の、あの教会の青年たちなんですね。それが浦河教会の「地域の苦労を教会の苦労に」「悩む教会になる」という発想につながっていくわけです。その原点を教会は大切にするべきだと思います。

工藤

そういう向谷地さんの話を聞いただけでも、私は励まされます。私はもう三十年来、福祉の学生だけではなく、神学校で牧会カウンセリングの講座をもっていますが、その中で必ず〝浦河べてるの家〟のビデオと〝ラルシュ共同体〟のビデオを見せて、神学生たちに、「君たちはこれからいろいろな地方へ行ったときに、まず市役所や病院、福祉の窓口に行って、『この町に新しく赴任してきました。ついては、牧師にできることがあったらお知らせください。（たとえば）自死の遺族会や、ターミナルの人たちに向けてのグリーフワークを、教会でやろうと思っています』などとあいさつをしなさい」と勧めていますが、そんな基本的礼儀を実行した人は一人もいません。主イエスは「仕える者となりなさい」と言っておられるのに、結局、神学生は論文作りに追われて、神学でもう精いっぱいで、卒業後も神学の社会的要請などには全然気つかないのです。

向谷地　最近、ご縁のある精神科の先生に、「失礼ですが、先生の病院で一番治療に困っている人がいましたら、一人紹介してもらえませんか」と頼んでいます。今、三箇所の病院に紹介してもらって、患者さんと一緒に当事者研究をする場造りをしています。

工藤　なるほど。この発言を聞いているだけで私は、どうやら向谷地さんは生まれつきソーシャルワークという方向性に召された方のように思えます。だいたい医療も福祉の現場も深刻ですから、やっかいな領域にできるだけ関わろうとしない、向谷地さんは学生時代からすでに、地域ではまだめずらしかった老人ホームを選んで、アルバイトをしていたそうですね。

向谷地　学生時代、私の頭にあったのは、「思い切り苦労してみたい」ということです。

一番苦労できることを探して、自活するために特別養護老人ホームに住みこみました。

工藤　そういう実際談をお聞きすると、ますます向谷地さんの目の向けどころは、そのスタートからして何かが違いますね。「思い切り苦労してみたかった」という着想自体がおもしろい。今のお話でソーシャルワーカーのスタートは、産業革命の頃、教会の青年たちが率先して〝貧民街〟に飛び込んだのというお話とリンクして、非常に励まされました。トゥルニエの言う「生の冒険」ですね。

向谷地　どうやったら苦労できるだろうと、いつも考えていました。そして、そうだ、仕送りを断ろうと思いついたんです。大事なアイデアが生まれた、と思って親の仕送りを断ったのです。

工藤　なるほど、その話に感動します。

向谷地　私は学生時代、まさに白黒をはっきりさせないと気のすまない「正義の味方」

のようなタイプで、教会だとか、牧師や信徒の問題探しばっかりしていました。いつも、身の回りとか社会に感度の高いアンテナを張り巡らして、猪突猛進的なところがありました。それを打ち砕かれたのが浦河ですね。

浦河の教会には牧師はいないし、礼拝といっても高校生が司会をして五、六人の信徒がカセットテープを聞いて、奏楽もなく礼拝を守っていました。そんな仲睦ましく、それこそ典型的な「敬虔なクリスチャン」の雰囲気をたたえた浦河教会に、精神科に入退院を繰り返す〝七病棟あがり〟と言われていた人たちが通うようになるわけです。日々、トラブルです。

特に浦河町民のおよそ三割は、先住民のアイヌにルーツを持っていると言われているんですが、歴史的に負わされてきた苦しみから逃れるように、アイヌの人たちはアルコール依存症に陥って、家族の崩壊を繰り返してきた人たちが多かったわけです。その子どもたちも、教会学校につながるようになるんです。そこから、「地域の悩みが教会の悩みになる」という経験が始まったわけです。そのことによって、私は変えられたと思いますね。

教会の可能性

工藤　今、浦河には牧師さんはいるのですか？

向谷地　全国的にもめずらしいと思いますが、人口一万ちょっとの浦河町には二つの教会があります。元浦河教会と浦河教会です。元浦河教会の牧師が、浦河との兼牧をしています。百三十年以上前になりますが、一八八六年に「荻伏《おぎふし》」（現・浦河町荻伏）といわれる村に建てられた元浦河教会から、サテライトとして村に隣接する浦河町内に浦河講義所が設けられました。しかし一八九五年、三度にわたる大火で焼けてしまい、その都度再建したんですが、三度目の大火で再建をあきらめて教会の籍は元浦河に一度戻しましたが、浦河には家庭集会のかたちで宣教の灯が燈され続けて、一九五六年に浦河伝道所が現在地に開設されて、今に至っています。浦河教会は二〇一六年七月に「教会」として法人申請して、教団から認可をもらいました。浦河教会は、実に福音の種が蒔かれてから百三十年が経って、「教会」になったんです。

工藤　これからの日本の教会のために、浦河教会に赴任した牧師さんの体験談、本音や提言を聞きたい気持ちですね。だれか話してくださる方はいませんか？

向谷地　五味一先生がいいと思います。八十歳を超えておられますが。私が浦河に来た時には先生は浦河から一二〇キロ離れた苫小牧の教会の牧師で、教会も兼牧でお世話になっていました。一か月に一度くらい苫小牧から来てくださっていました。

これは、五味先生からうかがった話ですが、五十年ほど前、浦河も人口がどんどん減り、産炭地の教会がどんどん閉鎖に追い込まれていましたので、浦河の教会も整理・統合したほうがいいのではないか、人口が二万人を割る浦河町に教会が二つあるのは効率が悪いので、一つにしたらいいのではないかという議論があったようです。五味先生は、それは違うんじゃないか、と反対されたと聞きました。もし、そうなっていたら、今の浦河はないと思います。

その後先生は、札幌や仙台など他の地域で牧会をされて、二〇一六年に浦河に招聘《しょうへい》されました。五味先生が「ここでやりたい」と手を上げてくださったのです。浦河の教会の五十年を知っておられる先生です。浦河教会のおもしろいところは、牧師がいない時期が長くあっても、きわめて信徒が自立していて、いい意味で牧師に依存しない。変な言い方ですけど「牧師が病まない教会」ですね。それこそ、牧師を選ばない、どんな牧師さんでも務まる教会です。

工藤　なかなかおもしろいお話ですね。私の見聞きしてきた教会とは全然違う。私の教会観の中には、若い牧師を次々と教会が病人にしてしまったり、（まともな）信徒を病気にさせてしまった指導者という経験がいくつかあります。向谷地さんは、教会はどうあるべきだと思われますか？

向谷地　教会という場は、場所としていろいろな可能性を持っています。そこで教会生活をしている信徒一人一人が、自分が「一人の人・市民」として生きていくうえでのいろいろな課題や困り事を、もっと教会の中に持ち込んだらいいのではないか、と思うんです。そうすれば教会の中にいろいろな経験や、アイデアが蓄えられます。それを重ねていくことで、教会そのものを地域の大事な資源として生かしていくことができると思います。

工藤　なるほど、新鮮なアイデアですね。しかし現実に、なかなかそういう状態にはなっていないですね。第一、教会は長い間地域で孤立していて、地域に開かれた場になっていない。昔タクシーに乗ると「教会って何をやってんですか？」とか、「私には縁がない」言われることが多かった。けれども、阪神・淡路大震災や東日本大震災で、だいぶ事情が変わってきました。

つまり、教会は〝駆け込み寺〟のレベルからようやく地域に開かれた場、悩み事を語る場、分かち合う場、子ども食堂の拠点になりつつある。

もうひとつ私がずっと気がかりに思っていることは、週日ひとり静まりたいと思って出かけても、ほとんどの教会堂は終日鍵がかかっているという現実があります。そしてたいていの教会の入口に「すべて疲れた人、重荷を負っている人はわたしのもとに来なさい。わたしがあなたがたを休ませてあげます」（マタイ一一・二八）という聖句が書かれています。しかし、いつ牧師が会堂にいる時間なのか、緊急なのに連絡先はどこにも書かれていない。

ついでにもうひとつ、教会で話されるストーリーはほぼ決まっていて、「聖書を信じましょう」「祈りましょう」、迷いや悩み事を語ったら〝不信仰〟で片づけられてしまうことがあります。人生も、人間の現実も、物事も、そんなに単純で簡単ではないのに、教条的になっているのではないかと思います。

向谷地　行き着くところは、「信じること」「祈ること」だと思います。当事者研究をするとそれがわかってきます。

こんなエピソードがあります。以前、「礼拝中に後ろに座っている男性が、私のお尻を触る」という苦情を訴えてきた統合失調症の女性の対応について相談に来られた牧師がいました。もちろん、それは私の理解では「体感幻覚」なんですが、結果的にはその女性には礼拝を休んでいただくという役員会の決定がなされたと聞きました。

そういう意味での、教会の持っている常識を乗り越えていくきっかけとして、ぜひ当事者研究をしていただきたいなと思います。

工藤　かたちを変えた教会の〝防衛策〟ですね。浦河の教会だったら、その方のお話はどう展開するのですか？

向谷地　まず、そのことをみんなで考えます。まずは、触られたと訴えて「礼拝中そういうことがあったんだ」と言われたら、「どんな感じだったんですか」と具体的に聞いちゃいます。「礼拝が始まってから何分くらいたってからですか」、「ちょっと試しに私のこと触られたように触ってみてください」とか。

触ったとされる人は、八十歳を超える方なんです。でも不思議なのは、次の日曜日に外国人の人がたまたま礼拝に来たら、その人にも「触られた」と言うのです。この人は、ちゃんと触られていると実感しているわけです。そこで、「また今度礼拝に来てね。その時は私が隣に座っているし、後ろの席に別の○○さんが座るから、もし触られたと思った時はいつでも言ってね」と、まず実験から始めます。もしかしたら、その人には「触られる感じがするという苦労がある」ということを理解してくれる人が座ると、触られる感じが起きないとか、見ず知らずの人が座ると起きる、とか。そういったことをきっちり検証・実験していきます。そうしたら、「そういうことを打ち明けた人が座ると、触られた感じが起きない。でも、見ず知らずの人が座ると起きる」ということがわかってきます。

実は長年の当事者研究の中でわかってきたことに、「触られる感覚」で苦労している人は、〝触れ合いを求めている〟というのがあります。つまり病気を通じて「つながりの先取り」としているわけです。本人は、その人もわからない不思議な世界をいっぱい抱えていて、でも教会に来たいから来ているのではないでしょうか。きっとその方は、周りの人とはだれとも話をできず、緊張の一日を過ごしているわけです。

工藤　ウーン、おもしろい。おそらく大半の教会はその挙動不審を見て、「おかしな人」だとか、ご本人のためにも「礼拝を休んでもらいたい」となるでしょうね。つまり、その人の中に入り込む、良きサマリア人となるより、社会防衛的な管理的決定を下すでしょうね。

ところが、浦河べてるではもっと別のレベルで、人間のありよう、「立ち位置」というものを考えている。

もう人間観の土台が根本的に異なっています。先ほど、「幻聴体験」の青年の話をしましたが、おそらくその方も「触れ合い」を求めているのではないでしょうか。こうしてみると、私はべてるの生き方の中に、教会の未来性を考える大切なヒントがあるように思うのです。

たとえば最近知ったことですが、大阪の民族学博物館に目の不自由な先生がいて、その人は、ご自身の体験が事物はすべて触覚によってしか実感できないというセオリーをもっていて、あちこちの学校に行って、子どもたちに目隠しをさせて「なんでも触らせることによって、この世界との関わりを経験させる」と言うのです。それを聞いて私は、もしかしたら私たちはほんとうの世界がわかっていないのでないか、見ていないのでないかと思ったものです。というのも、幼少時に失明したその方は、筑波大の障害教育学部を卒業し、山形の出羽三山の修行に参加したり、宮崎にいる盲目の人間国宝の琵琶師に弟子入りしたりして、「人は触ることでしかこの世界は実感できない」という結論に到達するのです。この番組の中で聞いた「宗教の究極は触ること」といった、すぐれた宗教家の話も印象的でした。

〝触って物事を確かめる〟といえば、すぐに思い出すのは赤ちゃんですね。赤ちゃんは何でも口に入れて、この世界を確かめるらしい。赤ちゃんに言葉があればぜひ聞いてみたいところです。世界の認識様式について。

見える世界、見えない世界

向谷地　映画「ビューティフルマインド」（ノーベル経済学賞受賞の実在の天才数学者、ジョン・ナッシュの半生を描いた物語）の中で、主人公のナッシュがだれかに狙われているとか、妄想的な世界に浸ってつらいときに、奥さんがナッシュの手を持って自分の体に触れさせて、「これが現実だよ」と言う場面があります。触れることで、自分が感じている恐怖の世界は妄想的な世界であって、これこそが現実だということに気づく場面です。

工藤　私は今、そのお話を聞いて、昔「キリスト教良書を読む会」に来た一人の若い牧師さんのレポートを思い出しました。イエスの弟子の一人であるトマスが、「私は触ってみなければ信じない」と言いましたね。ところが、多くの教会では「見ずして信ずる者は幸い」と言って、触らないと信じられないとは信仰が薄い、という解釈がまかり通る。しかしその牧師さんは、「それは違うのではないか」、「トマスは、もっとイエスを知りたいから、あのように言ったにちがいない。だからイエスもそれに応えて、『触ってみなさい』と言われた」と言うのです（工藤信夫『真実の福音を求めて』いのちのことば社、二〇一五年）。私はこれらのエピソードを通して、触る・見る・聞くということを、もっと慎重に切実に考えないといけないのかと思ったものでした。

向谷地　認知科学の領域でも、知性と身体の結びつきが注目されています。

暗殺集団が自分を狙っている、と言う人がいました。そこで、仲間と一緒に暗殺者の見極めについて研究をしました。そして、「ここに暗殺者のメンバーはいますか？」と正直に聞いてみると、そこにいる人は「暗殺集団」ではなくなるというのです。そして終わった後には、必ず一人一人と握手をしてエネルギーをもらいました。それを重ねていくと世界が逆転していきますよね。

工藤　そういう点では病気というのは、非常に大切な意味を持っていますね。人間の認識の仕方とか、関係の持ち方とか、人間存在の根源に関わるテーマを持っています。

私は昔、神学大学で講義をしている時に、「みなさん、精神病レベルの人にはよくよく注意しなければなりませんよ、パッと本質を見抜きますからね」と話したことがあります。すると留学生の一人がレポートに、「先生の言われることはほんとうです。(韓国の)大きな教会で千人位の人が真面目に牧師の話を聞いていたのですが、一人の病者が『あの牧師は嘘をしゃべっている』と叫んで大問題になり、後にそれがほんとうのことだった」というレポートを書いてきました。そういうことがあるんですよね。大きな教会の牧師だからとか、学者だからとか、そういうことで彼らは判断していない。世界が違うのでしょうかね。

この点先ほどの、お尻を触られる経験をした人が教会に来られたというエピソードは、とても考えさせられました。刑事事件とか法的な問題でなく、もう少し人間的に考えるべき問題なのでしょうね。そういう意味で、浦河は人間発見と回復の場として、もっと今の社会に〝発信〟していかないといけないのかも。

向谷地　浦河は、ハンディが多いところです。交通の便もそうですし、貧しい地域でもあります。精神病という経験は、私たちに、究極の相互理解と支え合いを求めてくる、それが幸いしているのだと思います。

工藤　浦河が過疎地で、さまざまなハンディを背負っている人が集まってくるということが、逆に幸いしているのかもしれませんね。聖書にも「ナザレから何の良いもの出ようか」という言葉があります。
向谷地さんの発言に、よく〝苦労を取り戻す〟という表現がありますが、人間はハンディがあったり悩んだりして、感性を磨いていくわけですから、ハンディの多いことが幸いしているのかもしれませんね。

向谷地　一番地震の多いところですし、津波の心配もあって防災でも浦河は注目されています。
浦河だけではなく、全国の教会の中に精神障害を含めた地域の人たちの「苦労」とつながって、少しずつ教会が地域に用いられるようになっていく、そういうことができるようになっていけばいいと思います。そのためには、教会が当事者研究の場として地域に開かれ、用いられていくことを願っています。

工藤　浦河べてるの家の実践は、応用が広いですね。福祉だけではなく、医療教育や会社経営、社会のあり方にも応用できますね。

『九十歳。何がめでたい』（小学館、二〇一六年）という本を書いた佐藤愛子さんの話を思い出しました。この人は浦河の〝苦労を取り戻す〟というキャッチフレーズを聞いて、浦河に家を建てて、決まって夏一か月浦河で過ごすことを習慣としているそうです。

彼女は自分の老いについて、「私は歳をとっても絶対に老人ホームには入らない。なぜかというと、浦河では、脳梗塞で半身不随の人であっても、認知症の人でも、砂浜に出て行って、網の繕いをしたり、孫の世話をしたりして、最後まで自分のできることをしている。老人ホームに入ったら、上げ膳据え膳で参ってしまう。だから絶対老人ホームには入らない」と語ります。

つまり人間は楽をしたらいけない、最後まで生きることの闘いをやめるわけにはいかない、苦しんで闘っていないといけない、浦河の地はそういうことを現代人に語っているのですね。私はその本を読んで「老いを語る」講演会（『人生の秋を生きる』〔いのちのことば社、工藤信夫〕の出版以後開催されるようになった講演会）がずいぶん話しやすくなった。つまり、人間は苦労がなかったら、だめになることを教えているみたいですね。

向谷地　自然栽培に取り組んでいるリンゴ農家の木村秋則さん（農薬も肥料も使わない「奇跡のリンゴ」を栽培しているとして注目されている）と話をしたことがあります。木村さんは肥料をやると根が張らず、弱るというのです。肥料をやると虫が寄ってきて、結局、農薬をかけることになると。

こういう悪循環は、今の精神医療と同じです。肥料をやらなければ、自分で栄養を取ろうとして一生懸命根を張るし、肥料成分がないので虫も寄ってこない、だから農薬もいらない。自分の苦労を取り戻すということが大切です。リンゴの苦労を邪魔しないというのが木村さんの自然栽培です。

工藤　なるほど、浦河は排他的でなく、むしろさまざまなタイプの人を分け隔てなく受け入れる。今の言葉で言えば、「共生社会」「多様性社会」の先取であり、その集まりの「土壌」が豊かだから、いろいろなものが育っていくのでしょね。

これは、私たちがこれから考えていかねばならない豊かさとは方向が違う。これまでの日本社会はサービス性が高まり、それが進歩だとされているが、それが細分化していく性質を持っているのでかえって特殊化し、停滞、あるいは退化するものがある。浦河という過疎の町で、一番苦労を重ねてきたべてるの人たちの経験が、多様性の混乱の中にほんとうの豊かさがあるのだと教えているような気がします。

「奇跡のリンゴ」の話は、私が大学時代を弘前で送ったこともあって、非常に身近なものです。あのお話は奥様が農薬に弱くて、農薬を使えないというリンゴ農家としては、致命的な弱さを抱えているところからスタートする。つまり〝弱さ〟〝不自由さ〟から何かが生まれるという世界です。そして木村さんの行きついたところは〝土壌作り〟というところに到達する。

浦河べてるの家の発想から言えば、〝ハンディ〟が何か物事の本質を浮き彫りにするという実際例です。

浦河べてるの家もいろいろな病気、障害、苦労の詰まった人たちが集まって、そこに素晴らしい花が咲いた。私たちの文化は、分別し、専門化し、付加価値をつけてサービスとか進歩とか思っているけど、実はそれは虚飾を増やしていることではないか。

こういう点で浦河は、人間社会の本来性、ひいてはこれからの日本の未来を教えているのかもしれませんね。弱さと仲間の存在の重要性です。

今日はありがとうございました。

向谷地　ありがとうございました。

いのちのことば社にて（中野区）

二章　キリスト教福祉への期待
――現場からの声――

工藤信夫

今回の対談は、浦河べてるの意味するところに焦点を当てて、「これからのキリスト教福祉・キリスト教医療」を考えるという企画と理解しているが、今あらためて対談の内容を吟味してみると、浦河べてるの特異性が際立っていて、私の考える「キリスト教福祉」の実現は道遠しの感を深くする。

とはいっても、今や福祉問題は、今日の私たちの切実な、身近な社会問題であることは事実であるので、今の私ができるささやかな提言をしてみたいと思う。いずれも、私がこれまで関わってきた大学教育、福祉現場、そして「キリスト教良書を読む会」で提出されたレポートなどからである。

福祉を目指す人々〜福祉大学の学生のレポート〜

以下の文章は、私がかつてある地方紙に載せた、福祉を目指す人々に向けて書いた記事の一つである。

臨床から福祉教育の現場に移って十五年、学生が病気体験や思いがけない障害に出会った人々の現実に接して、彼らの人間観、人生観が変わり、一日一日を大切に生きている人々に対して、〝ケアの文化（一人一人の生を大切に仕えていこうとする生き方）〟に身を乗り出していく姿に感動することがある。

一体、それは具体的にはどのような内容のことがらであろうか。

次の文章は、この国において長い間、偏見と差別に置かれ、偏見と差別に置かれ、二〇〇二年にやっと〝分裂病〟から〝統合失調症〟という病名に変えられた一人の病者の書いたものであるが、多くの学生はこうした当事者の実際に触れて大きな変化を遂げていく。

「精神科の病棟に入っていろんなことを知った。いろんなことを考えた。いろんな人と出会った。僕は幸いにも今、回復に向かっている。しかし、なかには一生なおりそうにない人もいる。社会に適応できそうにない人もいる。僕は自分も精神病という病気になり、入院することによって、この世界を知ることができた。なかには、本当に心のやさしい、いい人がいる。純粋なゆえに社会に適応できない人、意志の弱い人、さまざまな人がいる。

彼らは、僕も含め現代社会の敗者かもしれない。しかし、今の世の中が本当に正しいのだろうか。逆に社会の方が狂気に満ちていて、私たちの方が、本当の人の心をもっているのかも知れない。入院してみて、人生の幸せについてよく考えるようになった。本当の幸せとは何なのだろうか。人に打ちかって、地位を上げ、収入をふやすことなのだろうか。大きな家に住み、車を乗り回すことなのだろうか。

僕は人の心の悲しみや苦しみを自分のものとして感じ取れることでないかと思う。人のために、自分のできる何かをしてあげることではないかと思う。うるおいとか、やさしさが失われているような気がしてならない……（以下略）。」

（遠藤雅之、田辺等著『心病む人への理解』星和書店）

苦しみは人を深め、人に思索することを教え、時に人を詩人にする側面があるように思えるのだが、福祉を志す学生の感性はそれらを敏感に感じ取って、〈人間には大きな家に住み、地位を上げ、収入を増やすこと〉とは別の、いやそれ以上の大切なものがあることに気づいて、その中を静かに生きている人々の姿に感動しているのである。つまり、若い福祉の学生は、人の心の苦しみや悲しみを自分のものとして感じる〈共感能力〉や〈連帯感〉を土台として人間の大切さに気づき、福祉の現場に身を乗り出していこうとしている。私にはこうした若い学生が各大学に設置され出した福祉学科で良い教育を受け、日本社会に出ていくことは、殺伐としたこの日本社会に、うるおいとか優しさ、いたわりという人間固有の富を回復する大きな契機を含むものではないかと思って、期待に胸を膨らませているのである。

病人や障害者と聞くと、私どもはつい彼らを〝社会的弱者〟と見なしがちだが、文明の際限ない自己拡大、闘争が現代人に恐るべき孤独をもたらしたことを知ったスイスの精神医学者、ポール・トゥルニエは、現代文明が失った思いやり、親切、慎み、いたわり、それらは人々が社会的弱者と呼ぶ人々の中に宿る〝凍結された財産〟だという(『強い人、弱い人』ヨルダン社)。

福祉の教員として、今の私がこころから願うことは、こうしたこころ優しい学生が安心して働ける福祉職場の実現である。

この文章の中には、私自身が大きな期待をもって、福祉教育に乗り出した頃の思いが、記されている。つまり、私が福祉学科のある神学大学に移った折、日本に「障害者年」がやってきて、ようやく日本社会が「福祉」に注目し出した頃であった。またその頃は、折よくノーベル賞作家大江健三郎氏が、ご子息（知的障害のある光さん）を受賞式に同伴したり、光さんの演奏会がオペラシティコンサートホールでもたれたりして、障害者の存在に世間の注目が集まった時代でもあった。

地方の病院に勤めると、まだ「座敷牢」などという前近代的な処置が散見されている時代を通って医者になった者からすれば、こうした現実は障害者を、隠す時代から認める時代の変化に新たな希望を感じた次第であった。

ところが、臨床に強いワーカーを作りたいといって、全国から優れた教職を集めて作られたはずの次の大学も、十年を経ずして廃部に追い込まれたのである。その主たる原因は、私学の経営難という問題にあったが、それ以上に福祉出身では結婚も、生活もできないという実体が、明らかになってきたからである。

福祉施設の問題

◆介護職員の虐待

今、私の手許に一つの新聞記事（産経新聞、二〇一七年三月二十一日号）がある。見出しは「介護施設の高齢者虐待四〇八件　過去最多を更新」で、以下のような内容のものである。

1　介護施設の職員による、高齢者への虐待が二〇一五年度に四〇八件あり、過去最多を更新した。

2　職員の知識不足やストレスが、主な要因となっている。

3　調査は、高齢者虐待防止法に基づいて、自治体が虐待と判断したもので、身体的虐待が最も多くて六一％、侮辱などの心理的虐待二七％、食事を出さない、救急時を呼ばないなどの介護放棄が一三％。

4　虐待の要因は教育、知識、に関わる問題六五％、職員のストレスや感情コントロールの問題が二七％。

急速に少子高齢化の進む現代社会で、早晩私どもの多くの者も介護施設のお世話にならざるを得ない現状を考えると、人生最期を迎える介護の現場がスタッフの〝暴力〟という問題を抱え、私たちの老後を〝恐怖心〟の下で送らねばならないのかと考えると、空恐ろしくなる。

◆職員研修の経験

虐待が、職場のストレスや職員の感情コントロールの問題、あるいは根底に障害者や心の病気に対する知識不足によると指摘されている視点から、思い出す一つの残念なエピソードがある。

「福祉」なるものが、まだまだ世に認められない時代から、先駆的にこの働きに携わっているキリスト教主義施設の職員研修に出かけた折のことである。

私はその指導者と、そのスタッフに大きな敬意をもっていたので、さらなる発展を期待して、連続講義の時を提案した。というのも、一回きりの研修では表層的な学びになってしまうことを長年経験してきたからである。そのため参加者に、今抱えている困難な事例を提出するよう求めた。厄介なケースを一つ抱えたなら、働き人の毎日は難渋するであろうことは、経験的に知っているからである。

果たせるかな、その研修は良い学び会に発展していった。そしてそれは、定められた時間内では収められない方向に発展していった。そこで私は滞在時間を半日伸ばして、やる気のある人たちだけでも次の日の午前の集まりを提案をした。ところがおもしろいことに、いや困ったことにその研修委員が、私に次のようなことを述べたのである。

「先生、残念ながら〝時間外〟などの設定では、スタッフの参加者は皆無と思われます。どのスタッフも生活に追われ、夕方は家に早く帰りたいのです……。」そして言葉をつないで次のようにも言われた。「地方ではたとえ公的機関でも、そこに働くスタッフは、生活のための職場というのが現実で、スキルの向上などにまで思いがおよばないのです。」

かくして、せっかく準備していた数多の教材や資料は、未使用のままに終わった。

長い間医療に携わり、対人援助では働き人の資質とその充実こそ戦力であり、財産であると思っていた私の深い失望がそこに残った。おそらくスタッフが〝暴力〟や〝虐待〟に走る要因には、人出不足などの物理的要因の他、職場研修、事例研究の資質など考える余裕のない今の福祉現場の現実が横たわっていることは間違いない。というのは、病者の行動特性の理解が乏しい人は、暴力的な力の行使で相手を動かそうとする操作主義に陥るからである。

私は『援助者とカウンセリング』（いのちのことば社）という本の中で、対人援助の世界に〝燃え尽き〟という概念が持ちこまれたのが一九七〇年代と記したが、医療、教育、福祉の分野にはまだまだで〝ケアする人のケア〟の実現は、遠い世界の話なのである。

◆行政指導

また次のような経験もある。

神学大学に勤めていた頃、地方からカウンセリングを学びに上京、後日故郷に戻って施設を開設した人がおられた。私が、その人の出身地に出かけた折、やっとその働きがかたちになったというので、その施設を見せてもらったのだが、彼はこんなことを言われた。

「最初は、場所も人手もなかったので近くの廃校になった小学校の一室を借りてこの働きを始めました。何もなかったので、近隣の人たちがボランティアで出入りして助けてくれたり、農作物を届けてくれたり、近隣の人との出入りがよくありました。バザーにもよく協力してくださって、地元の人との交流も盛んでした。ところが利用者たちが増えて、ちゃんとした施設を作ろうということになって、多額の借金をして大きな建物と立派な設備を用意したら、食堂はこう、スタッフは何人、保健室は、トイレはこう、とさまざまな公的指導を受け、衛生面その他の点から、近隣の人の出入りが難しくなってしまったのです。つまり、肝心の施設が地域から〝孤立〟し、近隣の人々の生活から分離した特別な集団と化するという事態がもち上がったのです。」

それよりも何よりも私がいちばん心を痛めたのは、彼の机の上がパソコンと書類の山となってしまっていたことと、彼が私に「肝心の当事者との触れ合いがほとんどなくなってしまったのです。いったい何のための支援だったのかと……」と言ったことである。

つまり行政の指導を受けたことにより、多くの制約、限界設定がもち込まれたというわけである。

キリスト教福祉への期待

以上、私は前半で向谷地氏との対談の中で浮上した、浦河べてるの特異性に触れ、補足の項では私が見聞きした範囲での、福祉現場の困難さのいくつかを記した。もちろんそれらの要因はほんの一例にすぎない。

それではこれらを踏まえて、いったい「キリスト教福祉」の期待、可能性はいずこに求められるのであろうか。

この点についても、私はいくつかの私見を述べてみたいと思う。

◆構造の違い：〈関係性の問題〉

私は対談の中で、三十年前に浦河べてるの評判を聞いて、そこに駆けつけたとき「ウン、これはソーシャルワーカーの仕事」と直感し、大きな衝撃を受けたことと同時に「これはきっと全国版になるだろう」と直感した経験を述べた。そして、それは従来の医療福祉とは、大きく異なった構造をもった働きのように思われたと記した。（医療の医は〝囲療〟看護の看は〝管護〟福祉の福は〝服祉〟というふうに表現した。）

そしてこの捉え方は、浦河べてるを今日あらしめた、向谷地さんの実体にも通じている。たとえば、氏は浦河日赤で当時の医師から「出勤停止」の処分を受けている。彼のようなワーカーでは従来の医療、福祉体制の保持が難しいと判断されたに違いなかった。ところが彼は後日、〝治さない医療を目指す〟川村医師との出会いに恵まれ、本来的なワーカーの働きを展開する。

そしてこの中に見られる特長は、従来の福祉の考え方の「あなた病む人、わたし健やかな人」あるいは「あなたは障害者、わたしは健常者」という縦型の人間関係ではない。つまり医療モデルから生活モデルへの転換である。

そして生活モデルに見る対等な人間関係こそが、医療そして福祉の本来性なのであるが、今の医療、福祉の現場では、病人は病気を抱えたことによって、福祉の現場は障害を抱えたことによって、肝心の本人が受動性を帯びることになり、換言すれば〝管理〟〝服従的〟な色彩を帯びることとなる。

つまり〝上と下〟〝強者と弱者〟という関係である。

この点、浦河は「病気を否定せず病気を生きる」というところからスタートしている。〝当事者研究〟にたどり着き、〝妄想大会〟までもたれるということは病気に支配されず、病気を生きる人々の主体性の回復の証拠と、見ることができるのでないかと思う。

私がもう十年来関わっている通所施設のリーダーは、北欧の福祉の経験であるが、一見してヨーロッパの人々は障害を抱えても、どこか〝堂々としている〟と言う。もちろんそこには長い闘いの末勝ち取った〝人権思想〟があるに違いないのだが〝病気は個性〟と捉えて、人間としての対等性が生きているように思われる。ともあれ、浦河べてるの際だった特長は皆が元気であり、人間としての連帯がその根底にあるように思われる。

◆ラルシュ共同体の意味するもの

(ラルシュ共同体とは、カトリック司祭であったジャン・バニエ氏によって始められた障害者施設の働きで、今世界各国に広がっている。)

対談の中で、私は長年にわたって福祉の学生、神学生そして福祉施設のスタッフ研修において、「浦河べてる」と「ラルシュ共同体」のビデオを利用してきたことを述べたが、その理由はその創始者ジャン・バニエ氏の次の視点を紹介するためであった。氏の強調点は以下に要約される。

◆人間の発見

ラルシュの働きに携わる人々には、施設利用者「一人一人が優れた内なる光をもっている」存在に気づくこと、あるいは「発見すること」が求められる。

確かに知的障害者は物を作ったり、立身出世には向かないかもしれないが、人間関係を築くという点においては、優れた能力が与えられている（この点に関して、『小さき者からの光』〔あめんどう〕という本には、スタッフ同士のイラ立ち、葛藤を敏感に見分ける、アマンドという知的障害者が登場するが、彼らは私たち健常者の高慢、争い、不和に敏感に反応すると記している）。そしてそれが、職場を明るく生かしている。

スタッフはむしろ彼らとの関わりによって、人間としての対等性、〝共に生きる〟世界を経験させられる。

◆スタッフのメンタリティ・関係性の問題

ラルシュ共同体のビデオには「あなた病む人、わたし支える人」という上下関係を嫌って、単身ラルシュに向かった一人の日本人女性と、将来の進路に悩む日本人学生が登場する。

彼らはスタッフと障害者は〝互恵的関係〟であることを体験的に知っていく。つまり、スタッフを真に励ましてくれるのは利用者、被援助者であり、知的障害者は人間関係作りの名人である。

私は十年来ある障害者施設の嘱託医をしているが、検診の日、私がそこに出向くだけで、彼らは大喜びで人懐っこく私に接する。

◆地域の人々の理解と連帯

このビデオの最後には、ダウン症とおぼしき一人の兄弟が礼拝の司式に参加している場面が映り、また副村長が、障害者を息子の結婚式に招待する場面が出てくる。そしてこの副村長の妻が、こういうことはこの地方ではあたり前の光景であると言う。

このビデオはほぼ五十年前に、朝日厚生文化事業団によって作られたというが、私はこの中に、今の日本の福祉の条件と呼ぶべき要点が、もうすでに先取りされていると確認している。そしてそれは今流行りの言葉で言えば、「地域力」である。

このように見ていくと、私が長年教材に用いてきたラルシュ共同体の精神と、浦河べてるの歩みに、多くの共通点があるのに気づく。

その1〈人間の発見〉

浦河べてるを紹介したビデオに「病気を恥としない」だけではなく、「七病棟（閉鎖病棟）入院は今や私の誇り」という当事者の言葉がある。

また「この病気（精神病）は友だちができる病気」であり、「幻聴さんは自分を助け、導いてくれる存在であるから、大切にしなくてはならない」という考え方がある。おそらく、彼らは心の病気がもたらす、何かの大きな恵みを実感しているに違いない。キリスト者であった森有正の言葉に、「人間が真に人間であることを発見するのは（一見すると）異常な限界状態の中でこそ可能である」というものがあったと記憶している。

その2〈冒険精神の欠如〉

P・トゥルニエの『生の冒険』（日本キリスト教団出版局、二〇〇七年）という本の中で、トゥルニエの「私がいつもおそれているのは、……私の素人気質がなくなって、職業になりはしないかということなのだ」という言葉があり、人は素人感覚を大切にすることによって、職業的に祈り、職業的に指導することから免れることを述べている。ここで考えてみたいことは、向谷地氏が「これまでの医療を〝囲〟、これまでの福祉を〝服〟、これまでの看護を〝管〟」と考えているということである。つまり、従来の役割への期待から一歩も外れない対人援助である。

また、トゥルニエのこの本に、「はじめ使徒職であったものが、その組織が大きくなると役人になる」というおもしろい発想がある。これは教会形成のことを語ったものにほかならない。人間は安全志向の中に入ると冒険精神を欠いて管理者になるというわけであるが、浦河べてるが明るく、楽しく、力があるというのは、この落とし穴をくぐりぬけたためであろう。そして、向谷地氏は地域病院を訪れて「いちばん厄介な難しい人を紹介してほしい」と頼み込んだという。氏がケースワーカーのスタートを「産業革命時に若いキリスト者が地域に飛び出したこと」に求めているのは、その現れであろう。

このように見ていくと、どうやら浦河べてるの継続、発展の基はそのスタートにあるらしいことが明確になる。

つまり、ワーカーとして型破りとも見える、公私混合の向谷地氏の働きで、彼はそのため当時のお医者から出勤停止の処置を受けるのであるが……。

そして〝治さない川村医師との出会い、協力〟そこには教科書的な知識ではなく、彼らと生活を共にしてきた実践的な知恵がある。

その3〈経済力〉

浦河べてるが、年間億を超える予算で動いているというのは驚きに値する。

かつての精神科医療においては、対談の中で話したように、外出はおろか就労の可能性など皆無だったのである。ところがよく考えてみると、「隔離収容策」は病者の社会性を奪い、病者の自発性、自立性を阻害する要因である。というのは、就労という社会参加は病者に自分が社会の大切な要員であることを知らしめ、経済性は心の健康の回復に必要不可欠であるのみならず、病者の自信、自己肯定感につながるからである。病気や障害が前提となって、人間をトータルに見る視点がなかったためであろう。しかし、就労という社会参加は明らかに人間が必要とされ、人に役立ち、社会参加しているという実感のために必要な課題であり、人間存在の根本課題だからである。

そして〈経済力〉があるということは、何よりもその組織の活力である。

キリスト教医療と福祉

私の分担した項目のテーマは、〈これからのキリスト教医療と福祉〉という内容のものであるが、私たちがこのテーマを考えるに当たって問うべきは、それに携わる人々のキリスト教理解の偏り、浅さではないかと思っている。

たとえば私が対談の最後のほうで、〈人に触れられる〉と訴えをくり返す人のはエピソードへの、「浦河だったらどのように対処するのか?」という問いに対して、向谷地氏は「浦河だったらその問題を皆で共有し、〈当事者研究〉を始める」と答えているが、無視できない発想である。というのは、その問題を相談した教会は「役員会の決定として、しばらく礼拝を休んでもらいます」と答えているからである。つまり〝排除の論理〟である。病者は人としての交わりの必要を直感しているからこそ、礼拝に出席しているのに……。

そして、これはおそらく今の日本の大半、いやほとんどの教会もそのように考えるに違いない。私はそこに浦河べてるの特長を見る思いがする。

浦河べてるの働きをスタートさせ、今日あらしめる働きの根底には、向谷地氏とその仲間のキリスト理解が〝これまでのキリスト教〟とかなり趣を異にし、それが今日の発展の基でないかと、私は思うのである。

行動特性

私が福祉教育に携わって驚いたのは、〈障害者年〉が日本にやってきた頃なのだろうが、障害者福祉の中に就労、社会参加の一環として障害者の行動特性を取り入れた〈さまざまな就労の形態〉を始動したことがあった一方、あるところでは二か月前の予約でないと入れないレストランがあり、そこで働くスタッフは皆、精神疾患を有しているという。

そしてこれらの施設に共通するのが行動特性、たとえて言えば数字にこだわる、同じことをくり返す中に安定を見いだす、知的障害、自閉症などの特性をケーキ作り、パン作りに生かした手法だという。つまり、その人をその人として尊重して、またその場を提供しているという貢献である。これは言うまでもなくこの世の構造とは異なる。この世とは時間が、また効率で人を追い詰めているのだからである。それはおそらく浦河べてるの精神に通じることであろう。つまり、病気を否定せず、病気を生かして生きる世界である。

さまざまな経験の中でもいちばん衝撃を受けたのは、ＮＨＫテレビで再三放映された、「まごころケーキを召し上がれ」（「にんげんドキュメント」二〇〇二年）のある、教会付属の幼稚園で始めたケーキ作りであった。そこの牧師夫人が、その園に通った障害者が十七、十八歳になっても行き（生き）場のないことにこころを痛めて、〈ケーキ作り〉を始めたという話であったが、私が「おや？」と思ったのは、その指導者が「今まで福祉作業所の作ったものは〈お情けで買ってもらえる状況〉のものでしたが、私たちは一流ホテルにも負けないケーキ」と言い放ったことであった。

そして、そのメンバーに普通の施設の工賃の五倍、十倍、万という単位の給料を支払っていることであった。

私が驚いているのは「お客様に買ってもらう」という表現の中に、それまでの障害者の位置づけ評価を見ていたためである。賃金はその人の評価を表しているという、この世の現実からいえば、障害も福祉もそのようなレベルで捉えられていたに違いない。

福祉現場からの声

この本は、明日にでも生かせる知識、知恵を提供することを目的として持つのであるから、以下にさまざまな実際例を提示したい。

◆からしだね館のこれまでを振り返って　坂岡隆司（現場レポート①）

京都山科でからしだね館〔障害のある方々の社会復帰（社会参加）の促進や地域生活支援する施設〕を始めて十六年半になる。これまで多くの心の病気を抱える人たち、精神障害者と関わってきたが、私たちにどれほどのことができただろうか？　と思うと、多くの反省点が思い出される。逆に、〝多くのことを学ばせていただいた〟というのが、ほんとうのところである。

そのひとつが、「人生、捨てたもんじゃない」ということ。

病気や事故など、人生の途上で、私たちは何か大きな問題に出くわすと、それだけで、「ああ、もうこれで自分の人生終わったな」と思うことがある。精神の病気などはそれが多い。大災害の被災でそうなるかもしれない。人生終わったとまではいかないまでも、取り返しのつかない、大きなハンディを負ってしまったと、絶望に打ちのめされることは少なくないだろう。でも、事はそう簡単ではない……ということを、何度も身近に見せてもらった。

一つの事例を挙げてみたいと思う。

理系の国立大学を卒業し、ある大企業に研究職で就職したものの、すぐ心の病を発症し退職。入退院を十年ほど繰り返した後ようやく落ち着き、ネットで調べて「からしだね館」へ来た四十代の男性。

彼は今、厨房で調理補助や弁当の盛り付けをやっている。一日四時間、週四日、それ以上働くと崩れてしまうので自制している。ゆっくり自分のペースで生きている。人生の〝あきらめ〟は〝あきらか〟に通ずる、と彼は言う。当初の目論見（既製のレール）からは外れたが、病気とつきあいながら歩く彼の人生は、はたして「これで終わり」なのだろうか。

二つ目の事例である。

中学から十数年間引きこもりの青年であるが、父親の死を機に一歩を踏み出した彼は、知人のすすめで「からしだね館」に来る。時々中断はあるが、ほぼ継続して事業所に通う。そのうち今度は母親が脳梗塞で倒れ、それまで母親が彼の世話をしていたが、気がつけば立場が逆になっていた。聞けば、ヘルパーやデイサービスの協力も得ながらだが、けっこうな量の家事を彼はやっているらしい。引きこもっていた頃、だれも今の彼の姿を想像しなかっただろう。彼の人生は続く。

これまでからしだね館を舞台に、さまざまな人々と関わってきたが、「人生これで終わり」というものはない。そんな現実を見たような気がする。むしろ「ひとつの終わり」は「次の始まり」かもしれない。もちろん、「次」が必ずしも喜ばしいものである保証はないにしても、である。〝朝の来ない夜はない〟という言葉を聞くが、〝夜がなければ朝も来ない〟。それを承知で生きていく。朝は朝で、夜は夜で、それぞれの「時」を甘んじて受ける生というものを学んだ気がする。

〈〝一匹の羊〟に注目した支援を考える〉

言うまでもなく、「一匹の羊」とは新約聖書の福音書の中（マタイの福音書一八章一〜二節、ルカの福音書一五章四〜七節）にある、イエスのたとえ話からの言葉である。

現代社会は多くの場面で、公的な仕組みや制度が整う中でさまざまな活動が組織的、体系的に行われている。

その結果、経済、産業、政治、教育、医療、福祉に至るまで、経済的合理性が求められる方向にある。事業を進めていく上では、いわゆる説明責任が求められ、それが何よりも価値あることとされている。そして、それはある種の圧力のように、今の社会を支配している。

こうした事実は、じつは被災地支援の現場においても見られるようだ。たとえば、行政などの組織や公的な仕組みがあるところでは、組織としての判断や「前例がない」として、個別のニーズに対する理解や、協力を得ることに苦労することがしばしばある。これは、実践の中でよくぶつかる壁である。

これに対し、「一匹の羊」に示されたイエスのパッション（共感共苦）と、その視線こそはキリスト者が、あるいはキリスト教福祉社会がそこに倣うべき、そして与《あずか》ることができるものだと、考えたいと思う。

同時に、この「一匹の羊」の物語がイエスによって語られたのは、当時の支配階級（establishment）である宗教家、律法学者たちに向けられたものであって、それは本質を見ることなく、しばしば目的を手段・方法を取り違えて、届くべきところに届かない（または、届けようとしない）、勢力に対する痛烈な批判でもあったと思う。

決して現代社会の行政や公的な組織が、福音書時代の特権階級に例えられると言っているわけではない。ただキリスト教福祉も含め、組織や制度は時とともに、その本来の姿から変質していくことがありうることには、十分注意したいと思う。そして、この本質的なもの（本命とも言える）を問い続け、そこに届こうとする姿勢こそ、キリスト教社会福祉の実践の肝ではないか、そんなふうに考える。

◆医療や福祉に関わる方に望むこと　石井キミ子（レポート②）

私が息子の病で医療や福祉に関わる方々との経験からのことです。

病んだ時に病院を受診する時の私たちは、不安でいっぱいの心を抱え、医師に向き合います。

医師としては、伝えるべき事実を患者に話す必要は当然あることと思いますが、もう少し言葉を選んでくださったらと思う時があります。時として、医師のひと言が針のように心に刺さることがあります。

息子が精神疾患を発症して間もないころ、当時パソコン講習を受けていた息子は、受診した医師から、「パソコンの習得は無理だ」と言われたことがあったそうです。

私がそばにいたわけではないので前後の話はわかりませんが、実際にそのことがあってから数年経ったころ、息子の将来のことをうかがった時には「彼は病院に入院して、そこで最期を迎える」と言われ、目の前が真っ暗になり、家に帰る電車の外の景色が何も見えなかったことを覚えています。

この件に関しては、まだ二十代だった息子のことを考えると、とてもショックな言葉でした。

一方、福祉関係では、息子が現在通所している作業所は、三障がい（身体、知的、精神）の人たちがいっしょに在籍しています。たまたま新規に開所したばかりの作業所であったからかもしれませんが、息子が通所し始めたころ、なかなか本人も慣れなくて疲れることが多く、遅刻や欠勤することが多かったようです。その時にスタッフから連絡があり、「雨の日でも車椅子の利用者の人が出勤するのに、お宅の息子さんは五体満足なのに休むことが多い」という連絡が二、三回ありました。

たしかに、外見からはわかりませんが、体力も集中力も続かない精神障がいについて、もう少し理解してくださったら、と思いました。

ただ、その後はスタッフの方たちもずいぶん変わられ、あれから息子はほとんど休むことなく七年も通所しています。現在は、「作業時間も少しずつ増やしていけばいいから」と言われているようです。

三章　弱くあること——キリスト教社会福祉の可能性

向谷地生良

危機の中にある可能性と希望

「キリスト教社会福祉の可能性」、編集者から与えられたテーマについて考えようとすると、不思議なことに手が止まってしまう。「現代における教会の可能性」についても同じようなことが起こる。それは、きっと私の中では、積み残してきた〝最後の砦〟であって、四十五年かかっても、そこまで、まだ、手が届かないというもどかしさを反映している。

その意味でも、これまでの歳月は、〝苦労の本丸〟である「教会」「キリスト教福祉」というテーマの外堀を埋める作業であったのかもしれない。ただ、言えることは、北海道内でももっとも貧しい地域である日高の浦河に赴き、一時は、整理統合の対象でもあった無牧師の教会に住み込みをしながら、生活保護と年金を支えに暮らしている精神障害を経験した若者たちと起業し、同時に教会生活を続けてきた一つの〝社会実験〟の結果から見えてきたことは、〝世俗化――キリスト教の理念の継承と実践の課題〟の波に洗われる「キリスト教社会福祉」と、「若者の教会離れと高齢化」という教会を取り巻く現実の危機は、ともにそれ自体が〝可能性〟であり、〝希望〟だということである。

「悩む教会」からはじまる教会形成

一九七八年、鉄格子で覆われた薄暗い精神科病棟の一角に部屋を与えられ、「いつでも、どこでも、いつまでも」の理念を掲げ、当時、すでに推進されていた「地域精神医療」の展開を志した私がイメージしていたのは、一八八〇年代にロンドンの教会などが実践母体となってスラム街への移住者《セツラー》となって始まった「セツルメント運動」であり、浦河教会の旧会堂でのメンバーとの居住だった。

そこで味わったのが、気が長く、あまり人を怒ったことのない私が経験した「無性に腹が立つ」体験であった。「自分ってこんなに人に腹が立つんだ！」それは、私にとっては新鮮な驚きとともに、精神医療の課題の新たな側面が見えてきたように感じた瞬間であった。つまり、精神障害を持つ人たちと周囲の人との間に生じる〝苛立ち〟こそ、管理や拘束が横行するこの領域の根本的なテーマだと考えたのである。

酒で家族を苦しめ、子どもの学費までも酒代に浪費し、周囲の説得でようやく入院治療に結び付いた元漁師がいた。三か月の入院生活を過ごし、妻や関係者も交えた退院カンファレンスでは、真面目に反省と断酒を宣言し、スタッフに見送られながら退院した彼が真っ先に向かったのは、自宅ではなく酒屋だった。それには、駆け出しのソーシャルワーカーであった私も、愕然とした思い出がある。毎日のようにかかってくる家族からのＳＯＳの電話と、飲酒をめぐるトラブルの絶えない家庭訪問を繰り返す中で、いつしか家族のかかえる苛立ちが、私自身に〝感染〟してしまったことがある。

メンバーと昆布の産直を始めた時もそうだった。せっかく始めた昆布の袋詰めの下請け作業も、立ち上げのメンバーであった早坂潔さんは、仕事を始めたと思ったらすぐ煙草休憩に入ってしまい、仕事がはかどらず、すべてが予定どおりにいかずに、苛立つことが多くなった。

それればかりではない。潔さんは、「風に当たれば入院する」と言われたぐらい、当時の私たちにすれば意味不明の「ぱぴぷぺぽ状態」に陥り、突然にちゃぶ台返しをし、再入院を繰り返し、教会につながった他のメンバーも地域で、いろいろなトラブルを起こした。

ここで気づかされたことがある。地域の中で、孤立し、時には排除され、こころを病み、何代にもわたって生活の困窮と家族の崩壊を繰り返してきた人たち、特にアイヌの人たちの歩んできた現実と私たちは無関係に、慎ましく静寂な教会生活を続けていたことである。そして、教会が、そのような人たちの自助グループなどの活動拠点となり、子どもたちが教会学校に集うことによって、教会そのものが当事者の苦労に巻き込まれ、嵐の中を彷徨う箱舟のように揺すぶられ、時には不安に駆られることが多くなった。

そのような戸惑いの中で、見出したのが「悩む教会」という言葉だった。悩みが多い教会になった。教会員の中から、そのような呟きが聞こえてきたとき、「地域の悩みが教会の悩みになる」ことの可能性を見出したのである。日高という過疎地域に建てられた貧しく、存続の見通しさえ危うかった浦河教会の新しい立ち位置、理念を見出したのである。

その意味で、地域の過疎化とともに、少子高齢化が進み、教勢が弱まるという悪循環に見舞われる全国の教会の現実こそ、地域とともに「悩む教会」という理念の先取りとして捉えることができる。そして、それは、浦河教会がそうであったように、「問題」ではなく、それ自体が、この時代に建てられた教会の可能性であり、希望なのである。そして、キリスト教社会福祉とは、そのような地域にある課題を、問題としてではなく、一つの地域の可能性、希望として奉仕する場として与えられているのである。

「語る」教会

教会は、「人の苦労」が集まる場所である。精神科病棟に出向くと、枕元に聖書が置いてあったり、教会学校に通ったことがある人も少なくなかった。当時、無牧師の教会に住み込んでいた私は、「教会に間借りしてます」と言うだけで話題がはずみ、それがきっかけで教会につながる人もいた。

後に浦河べてるの家の理事長となった佐々木実さんもその一人であった。学生時代に通っていた教会は実に若者が多い活気ある教会だった。その教会生活があまりにも充実していたことに「後ろめたさ」を感じ、教会に行くことをやめて、筋ジストロフィーの青年の介助ボランティアに勤しんだことがある。今になっては笑い話だが、当時の私は、教会はあくまでもイエスを通じた神との出会い、対話の場であって、人との交流やつながりを望むことは、一種の「ニヒリズム」であり、信仰の「偽装」であると考えていた。しかし、「悩む教会」という理念を与えられたとき、具体的な一人一人が抱える苦労と苦労の狭間に、聖書の中に綴られた風景、特に十二人の弟子とイエスの旅の物語の意味が実感をもって私に迫ってきた。

浦河教会は、長い無牧師の歴史を経験しながら教会を守ってきた。その歴史は、牧師が不在時の礼拝は、信徒が中心となって全員が短い証しをする「分かち合い礼拝」が生みだし、今も引き継がれている。それに影響を与えたのが、べてるのメンバーでもある依存症の人たちの自助グループ、ＡＡ（Alcoholics Anonymous）の「仲間づくり」「語ること」による回復のプログラムである。メンバーによる、「十二のステップ」を柱とした回復のプログラムは、「無力さの表明」「神に委ねる決心」「生き方の棚卸し」「謙虚さ」「祈りと黙想」「霊的な目覚め」「宣べ伝えること」というキーワードによって構成されて、現在まで教会がグループのミーティング会場として用いられている。

このような「語ること」の大切さへの気づきは、〝ぱぴぷぺぽ状態〟に陥り、入退院を繰り返していた早坂潔さんたちに、「病気に語らせない」「言葉で語る」という当事者文化を生み出した。このことが画期的なのは、従来、精神医学の常識として「語らせると、寝た子を起こして調子を崩す」という考え方と、特に幻覚妄想体験については、「否定も肯定もしない」という中立的な態度で接し、幻覚妄想の中身には触れないという専門家の常識を覆したことである。

現在は、当事者研究の場では当たり前になっている「幻聴さん」の存在を、一人の人格として扱うなどという発想は、科学的根拠のない〝まやかし〟としてタブー視される時代の中で、「当事者の主観的な世界の尊重」という時代の潮流を先取りする実践であった。

いま、精神医療の世界が注目しているキーワードが「対話」である。紀元前のソクラテイスやプラトンというギリシア哲学の時代に生まれた「対話《オープンダイアローグ》」が、精神医療の世界に新たな可能性をもたらしている。哲学者、鷲田清一が東日本大震災後に発したメッセージに「対話の可能性」（せんだいメディアパークパンフレット）がある。

「人と人のあいだには、性と性のあいだには、人と人以外の生きもののあいだには、どれほど声を、身ぶりを尽くしても、伝わらないことがある。思いとは違うことが伝わってしまうこともある。〈対話〉は、そのように共通の足場をもたない者のあいだで、たがいに分かりあおうとして試みられる。そのとき、理解しあえるはずだという前提に立てば、理解しえずに終わったとき、『ともにいられる』場所は閉じられる。けれども、理解しえなくてあたりまえだという前提に立てば、『ともにいられる』場所はもうすこし開かれる。

対話は、他人と同じ考え、同じ気持ちになるために試みられるのではない。語りあえば語りあうほど他人と自分との違いがより繊細に分かるようになること、それが対話だ。『分かりあえない』『伝わらない』という戸惑いや痛みから出発すること、それは、不可解なものに身を開くことなのだ。（後略）」

統合失調症に代表されるように、説明の難しい世界を生きることを余儀なくされた人たちが、孤立し、二重三重に生きにくくなることで起きてくるさまざまなトラブルに対して、社会は、犯罪者と同様にみなし、隔離、拘束をしてきた。そのような精神医療の歩みと、教会は決して無縁ではない。中世の「魔女狩り」に象徴されるように、統合失調症などを持つ人たちの直面する危機は、「悪霊」に支配された状況とみなされ、人々の嫌悪の対象とされてきたという歴史がある。

その中で、べてるの家は、毎年開催される「幻覚&妄想大会」というイベントに象徴されるように、「幻聴さん」「妄想さん」と闘うのではなく、ユーモアをもって共存をめざすことで、悪意と攻撃性を帯びた幻覚、妄想の世界が、親しみやすい、融和的な内容に変わることを見出した。これは、従来の精神医療の常識を覆す発想であり、精神医療の〝権威〟に従属せざるを得なかった教会に期待される役割と可能性を広げる意味を持つように思う。

とっておきの〝情けなさ〟

べてるでは、いろいろな不思議な会話が飛び交う。その一つに「今日は、とっておきの〝情けない人〟をお願いします」という頼みごとがある。こんなことがあった。以前に、初犯の受刑者が収容されている刑務所に招かれた時のことである。「入所者に当事者研究のプログラムを経験させたい」と依頼を受け、べてるの家で統合失調症を持ちながらソーシャルワーカーとして活躍する伊藤知之さんと一緒に訪ねることにした。

刑務所でのライブの当事者研究ははじめてであった私は、刑務所長や幹部らが見ている前での即興の研究ミーティングということでちょっと緊張をしたが、おそらく私たち以上に、それに参加する受刑者も、緊張を強いられるに違いないと考え、いろいろと工夫をすることにした。そこで、伊藤さんに「今日は、とっておきの〈情けない〉伊藤さんでお願いします」と伝えた。すると、伊藤さんは阿吽の呼吸で「任せてください」といって笑った。

「慌てるメカニズム」の研究をしている伊藤さんは、実にユニークな〈情けない〉エピソードを持っている。最近も大事な職場の鍵を失くし、同僚と一緒に夜中に懐中電灯を持って路上を探し回ったことがある。だが見つからない。慌てることが〝得意〟な彼の脳裏にいつも浮かぶキーワードがある。それは「べてるが潰れる！」というものである。「失くした鍵を使って犯罪集団が悪さをする」、そして「それによってべてるが被害を被る」。

次に考えられるのが「べてるに特別監査が入る」、最終的には、「責任をとって辞職する」というパターンである。きっと元公務員の彼の脳裏には「辞職願」の文言が、ニコニコ動画の画面に流れる文字のように駆け巡っていたのかもしれない。しかし、見つからない。顔面蒼白になった彼は、上司に途中経過を報告するために携帯電話をかけた。「もしもし！」しかし、どうしてもつながらない。彼はさらにパニックになった。そして、大声を張り上げた。「〇〇さんが電話に出ません！」そう叫ぶ伊藤さんを同僚が見ると、彼が手にしていたのは携帯電話ではなく懐中電灯であった。

そんなエピソードのネタをたくさん持つ彼は、「〈情けなさ〉には自信があるので任せてください」と言った。刑務所内の研修室に赴くと、十数名の男性受刑者が私たちを待っていた。受刑者の後ろには、制服姿の刑務所の幹部や教官が背筋を伸ばして半円を描くように取り囲んでいる。自己紹介を受けた後、私たちはホワイトボードを背にして受刑者の前に立った。

ファシリテーター役の私は、さっそく伊藤さんを紹介した。

「今日は皆さんに私の話を聞いてもらって、アドバイスをいただければと思ってきました。僕は自分に自信がありません。子どもの頃、いじめにあったりして、そんなトラウマもあります。何事も〝全力疾走〟でやってしまい、そして、慌てます。」私はホワイトボードに「全力疾走慌てるタイプ」と書いた。すると、受刑者の表情が緩んだ。

そして、受刑者に伊藤さんへの質問を受け付けた。すると、一番若い受刑者が手を挙げた。「何でそんなに慌てるんですか？」その質問の唐突さに、どっと笑いが起きた。伊藤さんは言った。「僕は子どもの頃から父親が厳しくて、それといじめられっ子で、自分に自信がありません。いつも、後ろに父親がいる気がして人の評価も気になります。」それをきっかけに、伊藤さんが説明する苦労のエピソードのメカニズムは受刑者の関心を呼び、質問や意見が飛び交うにぎやかな時間となった。

最後に一人一人の参加者に感想をうかがった。すると最初に手を挙げた若い受刑者が、「実は僕もいじめられた経験があって、自分に自信がないんですけど、悪いこともしたけどそんな失敗も今は、大事にしたいと思っています。伊藤さんは僕よりずっと頑張ってるんで、自分を責めないでほしいと思います」と語ってくれた。私は思わず「ありがとうございます」といって拍手をした。最後に、一番年長の受刑者が場を締めくくってくれた。「僕はさっき話した彼に厳しく当たってきたけど、いまの話を聞いて反省しました。」すると受刑者がどっと沸いた。伊藤さんは「これからも〈情けない〉自分を大切に頑張りたいと思います」と感謝を述べた。

最後は、私が締めくくった。「今日は、ここに来れてほんとうに良かったと思っています。特に自分に自信のない伊藤さんは、立場は違いますけど、皆さんから多くの体験や励ましの言葉をいただき、今まで以上に〈情けない〉自分との付き合い方についてのヒントが得られたのではと思います。ありがとうございました。」その日は〈情けなさ〉の力を実感した一日であった。

問題だらけのべてるには、このような〝情けない〟話がいつも絶えない。しかし、そこには不思議と悲壮感や、「問題」を問題として顕在化させ、追及しようとする刺々しさがない。そして、どこかに、ふと笑ってしまう〝懐かしさ〟を帯びた可笑しみがある。しかし、こんな反論もあるだろう。それは日常生活に起こりがちな「問題」の所在を曖昧にし、誤魔化しているだけじゃないかと。べてるが育んできた〝可笑しみ〟の世界は、どんな問題も、一人の人間が、その人なりに生きようとして起きている出来事であるという理解のもとに、単なる「問題では終わらせない」という一人一人が積み重ねてきた思いから生まれるものである。それは、「問題は解決されるもの」という前提ではなく、問題が持っている可能性に着目するところから立ち上がる組織文化でもある。

〝情けなさ〟の源泉としての「イエスと十二人の弟子」の物語

この四十年以上におよぶ浦河教会とべてるの歩みを振り返ったとき、私のつたない思いの一つに「この世界で仕事をするにあたって、絶対、味わいたくない惨めな出来事があるとしたら、ほとんどを経験してきた」という実感がある。もちろん、幾多の投獄や迫害を生きたパウロや、数年前にお邪魔した、地域住民による反対運動の「のぼり旗」に囲まれながらホームレス支援を続ける北九州市の東八幡教会の奥田知志牧師の血を吐くような苦労には及ばないが、私自身が、そのような惨めさに直面したとき、もっとも慰めとなったのが、「イエスと十二人の弟子たち」の出会いと旅の風景であった。そこから「情けなさ」の持つ可能性への気づきが生まれたのである。

政治的な意味で、ローマからの圧政と戦う救世主としての役割を期待されていたイエスの噂を聞いて、多くの優秀な若者たちが弟子になりたいと押し寄せてきた。多くの将来を嘱望されるようなエリートも馳せ参じたに違いない。その意味で、イエスが選んだ十二人の弟子の顔ぶれを見たときに、良識のある人たちは、「人を見る目がない」と驚いたに違いない。なぜならば、その十二人の弟子の中には、水と油のような政治的な信念対立が予想されるような人たちや、社会的にも人々の尊敬を受けるような経歴もなく、取税人として働いたことがあるマタイのような嫌悪される職業や、疑心暗鬼に陥りやすく、自分に自信のない人たちが弟子として選ばれたからである。

そして、その旅は案の定、波乱に満ち、惨めな旅であった。イエスが一番祈ってほしい苦しい時に、弟子たちはみんな眠りこけ、「俺たちの中でだれが一番えらいんだ」とばかりに、名誉や権力に執着し、ユダはイエスを欺いた。そして、最後にイエスは、一人で孤独のうちに、民衆につばを吐きかけられ罵られながら十字架を背負い刑場へと向かって行った。

べてるでは、さまざまな困難に直面し、自らの無力さと不甲斐なさに向き合ったとき、「今日も、明日も、あさってても順調に問題だらけ、それで順調」という言葉をよく分かち合うことがある。この言葉の背後には、情けない弟子たちの惨めな結末を見通したうえで、にもかかわらず、共に歩んだイエスの励ましと慰めのイメージが重ねられている。

そして、混乱と疑い、そして誘惑に駆られやすく、つまずき多い弟子たちが世界中に宣教に赴き、その命がけの歩みが今日の教会の土台となっていることを思うとき、教会という場に託されたさまざまな現状の課題は、十二人の弟子たちのつまずきや苦難にも通じる希望そのものなのではないかと思う。だからこそ、「あなたがたが、いろいろな試錬に会った場合、それをむしろ非常に喜ばしいことと思いなさい」（新約聖書・ヤコブの手紙一章二節、口語訳）とあるように私たちは苦難をも、喜ぶことができるのである。

浦河教会は、何よりも地域自体が過疎化の波に洗われて疲弊し、弱りつつあるときに、「地域の苦労を教会の苦労に」という祈りのもとに、「悩む教会」として教会も共に弱り、揺れることの恵みに活かされながら、それを神様が教会と私たち一人一人を〝練る〟ために託してくださった「大切な苦労」だと受け止め歩んできた。

地域の過疎化と地域経済の疲弊、住民の高齢化と子育て、経済的な困窮と教育力の低下、日本一の有感地震多発地帯、風水害や津波などの災害、数えあげたらきりがないほどの「課題先進地――地域課題の多さを課題解決のモデル地区として発信する取り組み」である浦河に建てられた教会として、べてるとともに、私たちは「宣教先進地」としての「宣教の当事者研究」と新たな地域福祉のモデルの構築に向けた「社会実験」を続けていきたいと思う。そして、全国に当事者研究を活用した「弱さを誇る」ネットワークの構築を、浦河から発信したいと考えている。

著者

工藤　信夫（くどう・のぶお）

医学博士。平安女学院大学名誉教授。

1945年、秋田県に生まれる。弘前大学、大阪大学において精神医学を学ぶ。アメリカの南メソジスト大学およびベイラー大学医学部に留学。淀川キリスト教病院精神科医長、ルーテル学院大学社会福祉学科教授を経て、現職。神戸ルーテル神学校講師も務める。

著書『人を知り人を生かす』『心の病とキリスト者の関わり』『信仰による人間疎外』『信仰者の自己吟味』『今を生きるキリスト者』『人生を支え、導くもの』『真実の福音を求めて』（以上、いのちのことば社）、『福音はとどいていますか』（共著、ヨルダン社）、『トゥルニエを読む　！』（ヨベル）ほか。

向谷地　生良（むかいやち・いくよし）

ソーシャルワーカー。北海道医療大学看護福祉学部臨床福祉学科精神保健福祉学講座教授。

社会福祉法人浦河べてるの家理事。

1955年、青森県生まれ。1978年より浦河赤十字病院医療社会事業部に勤務。79年より、町の古い教会（後のべてるの家）を拠点として、精神障害を体験したメンバーと共に、当事者の交流活動と共同生活を開始。84年に「浦河べてるの家」発足。2002年、全国で初めて当事者が理事長・施設長に就任し、社会福祉法人を設立。03年より北海道医療大学看護福祉学部臨床福祉学科で、ソーシャルワーカーの養成にあたりながら、メンバーと共に、「当事者研究」の普及を目指し、全国各地を飛び回る日々。

著書『べてるの家の「非」援助論』（医学書院）、『増補改訂「べてるの家」から吹く風』『精神障害と教会』（以上、いのちのことば社）ほか。